Couvertures supérieure et inférieure manquantes.

LA TOURAINE

RÉSUMÉ D'HISTOIRE LOCALE

Par JAVARY

Inspecteur de l'enseignement primaire, Officier d'Académie.

AVANT-PROPOS

Les voyageurs qui ont visité le centre de la France, ont été charmés par la beauté et les agréments de la Touraine.

La grâce de ses coteaux mollement ondulés et baignés par un grand nombre de cours d'eau, les uns coulant dans de vastes plaines, les autres serpentant dans de frais vallons, la fertilité de son terroir, ses vignobles et ses vergers lui ont mérité depuis longtemps le surnom de *Jardin de la France*.

Ce beau pays a toujours attiré beaucoup d'étrangers. On sait, de plus, que les bords de la Loire et du Cher ont été, pendant des siècles, la résidence favorite de nos rois, qui y ont laissé de nombreux souvenirs et d'admirables monuments. Le voisinage d'une cour brillante et polie, amie des arts et des lettres, comme l'était en particulier la cour des Valois, au quinzième et au seizième siècles, a dû exercer une sérieuse influence sur l'esprit de ses habitants.

C'est sans doute à cette influence que nous devons quelques-uns de nos artistes tourangeaux les plus célèbres, tels que Jehan Fouquet, Michel Colombe, Jacob Bunel, les frères le Juste, les Clouet, Pinaigrier; beaucoup d'autres illustres esprits qui font honneur à la

France aussi bien qu'à leur province, se sont développés au sein de cette belle nature. Peu de pays peuvent s'honorer de compter, parmi leurs enfants, des noms plus justement célèbres que ceux de René Descartes, de François Rabelais, de Destouches, d'Alfred de Vigny, de Balzac, de Bretonneau, de Trousseau et de Velpeau.

Il faudrait des volumes pour traiter en détail de la vie et des œuvres de ces grands hommes; c'est un but plus modeste que nous nous proposons, en groupant leurs biographies dans cet opuscule. Nous désirons offrir à la jeunesse de nos écoles un tableau succinct des hommes remarquables de leur province.

Cette page d'histoire locale ne serait pas sans profit pour elle, si sa lecture pouvait la laisser persuadée de cette pensée que c'est dans un labeur opiniâtre et au sein d'une vie bien ordonnée que se trouve le secret des belles renommées, des œuvres utiles et durables.

RÉSUMÉ

DE

L'HISTOIRE DE LA TOURAINE

I. — ÉPOQUE ROMAINE ET FRANQUE.

La Touraine celtique nous est peu connue : nous savons seulement que les Turones, nos ancêtres, ont pris part aux migrations gauloises en Italie et qu'ils ont plus tard défendu le sol national, avec Vercingétorix, contre les légions de Jules César (58-50). Après le siège d'Alésia, ils se soumirent aux Romains. La civilisation latine fleurit alors sur les bords de la Loire et, pendant plusieurs siècles, l'académie ou école de Tours brilla d'un vif éclat. Des monuments s'élevèrent dans cette ville (1) et des routes la relièrent aux grandes villes de la Gaule. Vers la fin de l'Empire, le christianisme y fut apporté par saint-Gatien. Saint-Martin, au quatrième siècle, acheva la conversion du pays et fonda le célèbre monastère de *Marmoutiers* (2).

La grande invasion des barbares désola la Touraine

---

(1) Le temple de Diane, des arènes dont on ne trouve que des restes, l'aqueduc de Luynes, celui d'Athée.
(2) La fameuse basilique consacrée à saint Martin par saint Perpet, évêque de Tours, fut achevée en 472.

comme le reste de la Gaule (406); cependant cette province resta attachée à l'Empire jusqu'à Clovis, qui en fit la conquête. Ce prince disputa aussi l'Aquitaine à Alaric II, roi des Visigoths; on conserve encore le souvenir de l'entrevue qu'il eut à Amboise, dans l'île Saint-Jean, avec Alaric II, et l'on voit à Sublaines les buttes ou *Danges* qui devaient marquer la limite de l'Aquitaine et de l'Empire franc. Mais la paix ne fut pas de longue durée. Clovis vainquit les Visigoths hérétiques et tua le roi Alaric II à Voulon, près Poitiers (507). Après cette victoire, il vint à Tours recevoir les ornements de consul romain que lui apportaient les ambassadeurs d'Anastase, empereur d'Orient.

Sous les successeurs de Clovis, la Touraine fit partie tantôt du royaume de Neustrie, tantôt de celui de Bourgogne.

A cette époque, un homme célèbre, *Grégoire de Tours*, occupait le siège épiscopal de cette ville; il sut en imposer aux princes barbares et féroces qui l'entouraient et dont il nous a laissé un tableau pittoresque et vivant dans son *Histoire ecclésiastique des Francs*.

La civilisation chrétienne, au huitième siècle, fut menacée d'un grand désastre; les Arabes, ayant conquis l'Espagne, s'avançaient vers le nord de la Gaule; c'est à 12 kilomètres de Tours, près de Ballan, dans les landes appelées encore aujourd'hui les landes de Charlemagne, que l'invasion a été arrêtée par Charles-Martel (732).

II. — ÉPOQUE CAROLINGIENNE ET FÉODALE

Charlemagne provoqua une première Renaissance littéraire et artistique. L'école de Tours, sous la direction du moine saxon Alcuin, eut une certaine célébrité. Malheureusement, sous ses faibles successeurs, tout retomba dans le chaos. Les invasions normandes augmentèrent encore cette confusion. Repoussés d'abord du faubourg *Saint-Jean-des-Coups* et battus à *Saint-Martin-le-Beau* (853), les Normands ne tardent pas à revenir vers cette ville et à la piller, attirés par les richesses accumulées au tombeau de saint Martin par la piété des fidèles.

C'est alors que Robert le Fort, un des ancêtres des Capétiens, défendit l'ouest de la France contre ces pillards dont les invasions n'ont pu être arrêtées que par leur établissement, sous Charles le Simple, dans une partie de l'ancienne Neustrie, qui a pris depuis le nom de Normandie (911).

A l'époque féodale, la Touraine fut disputée à la maison de Champagne par la maison d'Anjou. Foulques Nerra (le Faucon noir) d'abord, puis son fils Geoffroy Martel qui vainquit Thibault, son rival, à Nouy (1044), près Saint-Martin-le-Beau, finirent par s'en emparer. Pour assurer leur conquête, ils élevèrent ces fortifications imposantes que l'on voit encore dans plusieurs villes ou bourgs de l'ancienne Touraine, particulièrement à Loches, Montbazon, Montrésor, Sainte-Maure et Langeais.

Au douzième siècle, Tours, et surtout son faubourg Châteauneuf, avaient pris beaucoup d'extension ; les bourgeois de Châteauneuf s'étaient même érigés en commune, malgré l'opposition des chanoines de Saint-Martin.

Le mariage de Geoffroy Plantagenet avec l'impératrice Mathilde, fille de Henri Ier, roi d'Angleterre, fit passer la Touraine sous la domination anglaise. Il en résulta des luttes fréquentes entre les rois de France et les princes anglais. Deux de nos rois, Louis VII et Philippe-Auguste, ont profité habilement des dissentiments qui existaient dans la famille royale d'Angleterre. Cependant Henri II imposa d'abord à Louis VII le traité de *Montlouis* (1174), mais il subit ensuite, sous Philippe-Auguste, celui de *Villandry* (1189).

Quelques années plus tard, en 1203, Philippe-Auguste put confisquer la Touraine sur Jean-sans-Terre, après l'assassinat d'Arthur de Bretagne. La ville de Tours se rendit sans difficulté aux troupes royales ; Chinon et Loches, défendus par Girard d'Athée, résistèrent vaillamment et ne capitulèrent qu'après un an de siège (1205). Depuis cette époque l'histoire de la Touraine s'est confondue avec celle de notre pays.

Cette province est restée française pendant la guerre de Cent ans. Sous Charles VI elle a été occupée tantôt par les Armagnacs, tantôt par les Bourguignons. Mais les Anglais n'y ont jamais fait que de courtes apparitions et elle est demeurée fidèle à celui qu'on appelait par dérision le petit roi de Bourges, alors que l'invasion anglaise s'étendait sur tout le reste de la France.

C'est à *Chinon* que notre héroïque Jeanne d'Arc est venue trouver Charles VII pour le tirer de son indolence et pour réveiller le patriotisme national. « C'est à Tours que fut ratifié le traité d'Arras qui réconciliait la Bourgogne et la royauté française; c'est à Tours que fut signée la trêve de 1444 qui présageait la lassitude de l'Angleterre et la défaite définitive des Anglais, qui fut consommée à Castillon, en 1453. » (*Lectures des écoliers français*. (*Caumont et Lemas*.)

Pendant le règne des Valois, la Touraine fut le séjour préféré de la cour: Loches, Chinon, Amboise, Chenonceaux, Langeais sont remplis de leurs souvenirs. Aussi devint-elle comme le centre de la vie nationale. C'est de son château de *Plessis-les-Tours* que Louis XI remue l'Europe et gouverne ses États. C'est à *Langeais* que Charles VIII épouse Claude de Bretagne, assurant ainsi la réunion de cette importante province au domaine royal, et c'est à *Amboise*, où il était né, que ce prince perdit la vie (1498). Sous son règne, en 1484, et sous celui de Louis XII, en 1506, les États-Généraux du royaume se sont réunis à Tours, dans une des salles de l'archevêché; ils ne purent obtenir la périodicité de leurs réunions, malgré leurs réclamations et l'éloquence de plusieurs de leurs membres; mais ils donnèrent du moins au roi l'autorité nécessaire pour déchirer les honteux traités de Blois. On sait, de plus, que Charles VIII perdit plusieurs de ses enfants à Amboise et que les deux aînés furent enterrés dans la cathédrale de Tours, où on admire encore leur tombeau, œuvre délicate d'artistes tourangeaux (Michel Colombe ou les frères Le Juste).

François I*er* et Henri II aimaient beaucoup le séjour de *Chenonceaux*, et c'est à Amboise que s'est dénoué ce drame sanglant qui sert de prologue aux guerres de religion et qui porte dans l'histoire le nom de *Conjuration d'Amboise* (1560).

A cette époque, la Touraine est non-seulement le théâtre des principaux faits de notre histoire, mais plusieurs des conseillers de Charles VIII, de Louis XII et de François Ier sont des Tourangeaux ; Georges d'Amboise, Émile de Poncher, Imbert de Bastarnay et le malheureux Beaune de Semblançay. De plus, c'est dans le centre de la France que les familles régnantes d'Italie, dépossédées par nos conquêtes, sont envoyées en captivité : le duc de Milan, Ludovic le More, à Loches, et Frédéric III, de Naples, à Tours.

Grâce à ce concours de circonstances favorables, et au voisinage de l'intelligente cour des Valois, Tours arrive à un haut degré de prospérité ; deux foires franches, établies par François Ier, en 1545, y attirent un grand mouvement commercial, ses manufactures se développent et un grand nombre d'élégants hôtels s'élèvent dans ses murs (1).

Si la Touraine a été sous les Valois, depuis Charles VII surtout, le centre de la vie nationale, elle a été aussi l'un des centres de la Renaissance dans notre pays. Le peintre Jehan Fouquet, les sculpteurs Michel Colombe et les frères Juste ; les portraitistes Clouet, père et fils, Pierre Nepveu, dit Trinqueau, qui commença Chambord, comptent parmi nos artistes les plus célèbres. Leur talent fut certainement éveillé et affiné par les œuvres des artistes italiens que les Valois avaient ramenés d'Italie et qui presque tous ont séjourné en Touraine ; on sait que le plus célèbre d'entre eux, Léonard de Vinci, est mort au château de *Clou*, près d'Amboise, dans les bras mêmes de François Ier ; cependant ils ont conservé une originalité propre et il y a eu, à Tours, vers le commencement du xvie siècle, une véritable école artistique tourangelle dont l'influence rayonna sur toute la France.

En même temps, des esprits hardis renouvelaient la littérature et l'enrichissaient de véritables chefs-d'œuvre ; tel a été notre grand Rabelais ; tel a été aussi Ronsard qui, quoique né à Vendôme, passa sa vie près de Tours, au prieuré de Saint-Côme, où l'on voit encore son tombeau.

La Réforme, prêchée par l'Epine et Gerbaut, qui te-

---

(1) Citons surtout l'hôtel Gouin et l'hôtel de Beaune.

naient leurs assemblées dans les caves de Rochecorbon, n'a eu dans le centre de la France qu'un nombre assez limité de partisans. Cependant c'est à Amboise qu'éclata cette conjuration des princes protestants qui avaient formé le projet de s'emparer du pouvoir en s'assurant de la personne du roi François II, et qui aboutit à de nombreuses exécutions.

Pendant la première guerre de religion, les protestants s'emparèrent de Tours et en saccagèrent les églises. La tranquillité fut rétablie par la paix d'Amboise (1563) et les réformés du bailliage de Tours acquirent le droit de célébrer leur culte à *Saint-Avertin* et à *Limeray*.

La Saint-Barthélemy passa presque inaperçue en Touraine; vers cette époque, *Luynes* devint le centre des réunions protestantes et l'église des Carmes (Tours) fut pillée par les calvinistes. Une nouvelle paix, dite de Beaulieu (1575), aussi éphémère que les précédentes, vint calmer l'agitation des sectes religieuses. C'est alors que la Touraine, avec le Maine et l'Anjou, fut donnée au frère du roi, le duc d'Alençon, qui prit le nom de duc d'Anjou.

III. — ÉPOQUE MODERNE ET CONTEMPORAINE.

Une nouvelle guerre civile, dite des trois Henri, éclata. Henri III ayant fait assassiner son rival, le duc de Guise, à Blois (1588), fixa sa résidence au château de Plessis-les-Tours. — Alors ce prince se rapprocha de Henri IV avec qui il eut plusieurs entrevues. C'est sur ces entrefaites que le duc de Mayenne essaya de surprendre la Cour établie à Plessis-les-Tours par un coup de main qui aurait peut-être réussi sans l'intervention du Béarnais; le combat eut lieu sur les hauteurs de *Saint-Symphorien*.

Enfin, l'acte réparateur de l'Edit de Nantes (1598) vint rendre le calme à la Touraine comme au reste de la France. Une nouvelle ère de prospérité commence pour cette province; à la faveur de la paix, Tours développe son commerce et son industrie; sous Louis XIV, elle renferme 80,000 habitants; elle rivalise avec Lyon pour la fabrication de la soie; elle compte alors 8,000 métiers ; mais la révocation de l'Edit de Nantes (1684) vient arrêter cette prospérité ; sa population, vers la fin du xvii° siècle, ne compte plus que 32,000 habitants, et le nombre de ses métiers est descendu à 1,100. Elle ne s'est jamais relevée complètement de ce désastre.

Depuis le xviii° siècle, son histoire se confond avec celle du pays et, au commencement de l'année 1790, diminuée de quelques cantons qui furent rattachés au Loir-et-Cher (Montrichard) et à l'Indre (Ecueillé), augmentée de quelques autres enlevés au Poitou (Richelieu) et à l'Anjou (Château-la-Vallière), la Touraine est devenue le département d'Indre-et-Loire.

En 1870, Tours dut à de bien terribles circonstances de redevenir, pour un moment, le centre de notre vie nationale. Une guerre affreuse ruinait la France. Après les désastres foudroyants de Freschwiller, de Spickeren, de Sedan, et le siège de Metz, Paris fut investi à son tour. Le 13 septembre 1870, trois membres du gouvernement vinrent à Tours pour y organiser la défense. Gambetta, le vaillant patriote, parti de Paris en ballon, arriva aussi dans cette ville, le 7 octobre 1870. Il lança aussitôt « ce magnifique appel aux armes qui ranima » par toute la France le feu sacré du patriotisme (1) ».

Pendant quelques mois Tours fut rempli de mobiles, de conscrits et de vieux soldats qui, organisés en régiments de marche, étaient ensuite lancés contre les envahisseurs ; mais, hélas ! la fortune devait trahir tant de généreux efforts. Que pouvaient le courage et l'ardeur patriotique de nos armées improvisées contre les hordes innombrables et disciplinées rendues libres par l'odieuse capitulation de Metz ? Malgré les brillants faits d'armes de Coulmiers (9 novembre), de Monnaie (20 décembre 1870) et les glorieux combats de l'armée de Chanzy, nos troupes durent reculer encore devant l'invasion triomphante. Le 9 décembre 1870, la délégation du gouvernement se retira à Bordeaux, et les Allemands, du 19 janvier au 8 mars 1871, occupèrent Tours, ainsi que la plus grande partie du département d'Indre-et-Loire.

---

(1) *Notre Département*, par M. Lemas.

LES PERSONNAGES REMARQUABLES

DE LA TOURAINE

I. — PHILOSOPHES; LITTÉRATEURS

Chaque siècle, depuis la Renaissance, a vu naître en Touraine un homme de génie qui a ajouté aux gloires littéraires de son pays natal ; Rabelais, au seizième siècle, a attaqué les abus du passé avec l'arme du ridicule ; Descartes, au dix-septième, a affranchi l'esprit humain et proclamé la souveraineté de la raison ; Destouches, au dix-huitième, a peint les travers de la société de son temps, et Balzac, au dix-neuvième, dans son admirable *Comédie humaine*, a fait l'analyse philosophique et morale de la société contemporaine.

Le trait commun de ces grands maîtres de la pensée moderne, c'est une originalité puissante qui les pousse hors des sentiers battus, avec la raison pour guide et la liberté pour principe ; le convenu n'est pas leur fait ; ils s'élancent à la conquête de la vérité avec les seules lumières du bon sens.

Aucun ouvrage, dans notre littérature, ne peut être comparé à celui de Rabelais, dont l'œuvre tient à la fois de la satire et du roman ; Descartes a fait école et la plupart des philosophes qui l'ont suivi sont considérés comme ses disciples ; Balzac, de nos jours, a renouvelé le roman par sa méthode d'observation et d'analyse et par les chefs-d'œuvre qu'il a laissés à l'admiration de ses contemporains.

A côté de ces hommes de génie, beaucoup d'autres auteurs tourangeaux méritent aussi l'honneur d'être cités.

1. — PHILOSOPHES

DESCARTES

René Descartes, sieur du Perron, est né à La Haye, en 1596. Il était jeune encore quand mourut son père, conseiller au Parlement de Rennes, et il fut d'abord élevé à Châtellerault par son aïeul, lieutenant-général de cette ville.

Descartes fit ensuite de bonnes études au collège des Jésuites de La Flèche. Arrivé à l'âge d'homme, il se crut obligé, par sa qualité de gentilhomme, d'embrasser la carrière des armes. Nous le trouvons en 1617 au service de Maurice de Nassau, en Hollande, puis en Allemagne, pendant la guerre de Trente Ans, au service du duc Maximilien de Bavière.

Étant en garnison à Bréda, en Hollande, il donna, à l'âge de 22 ans, la solution célèbre d'un problème posé par un inconnu ; ce problème avait embarrassé les savants et entre autres Beckmann, qui devint plus tard son ami. Il était alors d'usage, parmi les savants, de se poser publiquement des questions sur des points de science dont la solution était ensuite rendue publique.

En 1620, il quitta l'armée et voyagea en Allemagne et en Italie. Il reprit ensuite du service et assista au siège de La Rochelle (1628). Sa santé délicate et surtout un penchant irrésistible pour la philosophie finirent par l'emporter. Il abandonna définitivement la carrière des armes et se livra enfin sans réserve à son goût pour la méditation.

C'est alors qu'il conçut le projet de renouveler la philosophie du moyen-âge. Le théâtre retentissant de Paris l'effrayait ; pour être plus libre, il se retira en Hollande (1629), changeant souvent de résidence, suivant son proverbe : « Cache ta vie. » C'est dans cette exisence ordinaire et commune, vivant dans la solitude, seul avec lui-même et avec la vérité, que se développa son génie.

Il commença par pratiquer le doute systématique, faisant table rase de toutes ses connaissances et de toutes ses croyances, pour les reconstituer ensuite par ses seules lumières naturelles et les rajuster à sa raison. De la certitude du doute, il déduisit la certitude de la pensée, et de la pensée, l'existence.

Son *Discours sur la Méthode* (1637) est le premier chef-d'œuvre de la prose française. Ses autres ouvrages, *Méditations*, *Principes de philosophie*, ont été écrits en latin, alors la langue universelle des savants (1). Une immense réputation le suivit dans sa retraite ; comme il arrive à tous les hommes supérieurs à leur temps, il eut des admirateurs passionnés, même parmi les princes, et d'ardents adversaires, et il n'a pas dépendu d'un certain Voëtius, professeur de théologie à Utrecht, qu'il ne subît le sort de Galilée que l'Inquisition, vers cette époque, venait de mettre dans les fers pour avoir soutenu que la terre tournait.

Richelieu voulut l'attirer à Paris ; il lui promit même une pension de 3,000 écus qui ne fut jamais payée. Descartes avait des goûts simples et ses modestes revenus suffisaient à ses besoins. Cependant il finit par céder aux supplications de la reine Christine de Suède et partit pour Stockholm. Christine le logea dans son propre palais (1649) ; mais sa santé délicate s'altéra sous ce rude climat du nord et il mourut d'une maladie de poitrine (1650).

En 1667, ses cendres ont été transférées à Sainte-Geneviève de Paris par les soins de l'ambassadeur français. Sa statue orne une des places de la ville de Tours, qui a aussi donné son nom à l'une de ses rues.

Sa vie privée fut simple et digne. Ses amis lui conseillaient de ménager sa santé. Il avait coutume de leur répondre qu'au lieu de chercher le moyen de conserver la vie, il avait trouvé quelque chose de mieux, c'était de ne pas craindre la mort. Il répétait souvent ces belles

---

(1) *Méditation* (1642) ; *Principes de la Philosophie* (1644) ; *Traité des Passions de l'âme* (1649).

paroles : « Quand on me fait une offense, je tâche d'élever mon âme si haut que l'offense ne puisse l'atteindre. »

L'influence de Descartes fut immense : il a renouvelé la philosophie et porté un coup mortel à la scolastique. En cherchant la vérité en dehors de la tradition et de la révélation, il a montré, par son exemple, que l'homme peut s'élever jusqu'à elle avec les seules lumières de sa raison. Les penseurs les plus illustres qui l'ont suivi, Bossuet, Malebranche, Newton, Leibnitz, Spinosa, Kant, se sont inspirés de sa méthode et de ses travaux, et peuvent être considérés comme ses disciples.

Descartes a laissé une trace lumineuse dans toutes les questions qu'il a traitées : il a écrit en français son *Discours sur la Méthode*, et notre prose, jusque-là incertaine et flottante, s'est fixée sous sa plume et a acquis les qualités qui la distinguent aujourd'hui. Il a simplifié la notation algébrique, appliqué l'algèbre à la géométrie et éclairci plusieurs points obscurs des sciences physiques.

SAINT-MARTIN

Saint-Martin (Louis-Claude de), célèbre sous le nom de *Philosophe inconnu*, est né à Amboise en 1743. Ayant terminé ses études à Pont-Levoy (Loir-et-Cher), il se destina au barreau et fut avocat à Tours. Mais les procès n'avaient aucun attrait pour lui. Aussi quitta-t-il bientôt la robe pour l'épée. En garnison à Bordeaux, il y connut un mystique, Martinez de Pascalis, dont les doctrines eurent une grande influence sur sa vie. Après cinq ans de service, il abandonna la carrière des armes pour se livrer à la philosophie.

Alors, il voyagea dans les différentes contrées de l'Europe, puis se fixa à Paris. La tourmente révolutionnaire le força bientôt à fuir la capitale ; il revint à Amboise où il se fit aimer par sa charité et par l'agrément de son commerce. Saint-Martin eut de puissants amis, entre autres le duc de Choiseul. M. Caro a publié une étude sur sa vie et ses écrits. Le mysticisme forme le fond de ses doctrines. De la contemplation de l'homme et de la nature, il revient à Dieu, source et centre de tout l'univers. Il appelle son système : le *spiritualisme pur*. Admirateur de l'allemand Jacob Bëhme, il tomba dans le défaut capital de cet écrivain : l'obscurité. On lui reproche avec raison de ne pas être assez clair dans l'exposé de ses principes. Son style est nuageux et ses livres peu compréhensibles aujourd'hui.

Ses principaux ouvrages sont : *Des Erreurs et de la Vérité* ; *Rapports entre Dieu, l'Homme et l'Univers* ; *l'Homme de désir* ; *le nouvel Homme*.

2. — THÉOLOGIENS; HÉRÉSIARQUES

Quelques noms de théologiens célèbres appartiennent à la Touraine.

Nous citerons particulièrement les suivants :

ODON

Odon (saint), né à Tours, vers 879, fit ses études à l'abbaye de Saint-Martin dont il devint chanoine, à l'âge de 19 ans, entra ensuite dans les ordres religieux et se retira à Beaune, puis au monastère de Cluny, dont il fut le deuxième abbé. Sa réputation de savoir et de sainteté se répandit dans le monde entier en même temps que celle de la célèbre abbaye qui régentait les rois et donnait des papes à l'Eglise. Saint Odon, sur la prière du pape, fit plusieurs fois le voyage de Rome. Il mourut à Tours. L'Eglise le vénère comme un saint.

BÉRANGER

Béranger, dit de Tours, écolâtre de Saint-Martin, est né dans cette ville, vers l'an 1008. Il fut le condisciple de Lanfranc, son adversaire religieux. Ses contemporains l'accusaient de magie. C'était un homme supérieur à son siècle.

Les discussions théologiques, qui nous laissent si froids aujourd'hui, soulevaient alors d'ardentes controverses. Comme Jean Scot, il soutenait que l'eucharistie n'est que l'image et non la réalité du corps de Jésus-Christ.

Condamné plusieurs fois, notamment par le concile de Poitiers (1075), il se rétractait d'abord, puis revenait obstinément à ses idées. La douceur seule eut raison de son entêtement. Le pape Grégoire VII ayant donné l'ordre de ne plus le persécuter, il ne fut plus question ensuite de l'hérésie ni de l'hérésiarque qui mourut à Tours, en 1088, dans l'île de Saint-Côme.

Béranger appartenait à la secte des Nominaux et ses adversaires, à celle des Réalistes. Quelques auteurs font naître la philosophie scolastique des discussions provoquées par ses idées.

SIMON DE BRION

Simon de Brion qui naquit, dit-on, à Reignac, au commencement du treizième siècle, fut élu pape sous le nom de Martin IV. Il avait été d'abord chanoine de Saint-Martin, puis trésorier du roi saint Louis.

Elevé à la tiare, il n'oublie pas sa patrie; il soutient Charles d'Anjou dans ses projets de conquête dans le sud de l'Italie et, après les Vêpres siciliennes (1282), il excommunie Pierre d'Aragon, instigateur de cet odieux massacre.

A l'exemple de quelques-uns de ses prédécesseurs, il se montra parfois violent et surtout trop disposé à se servir, contre ses ennemis, de l'arme de l'excommunication. Il ne tomba pas, du moins, comme quelques-uns d'entre eux, dans le travers du népotisme. Un de ses parents étant venu le trouver, avec l'espoir de s'enrichir, il le renvoya, après lui avoir payé son voyage, en lui disant : « Les biens que nous avons sont à l'Eglise; nous ne pouvons en disposer pour notre famille. »

AMYRAULT

Amyrault (Moïse), théologien protestant, est né à Bourgueil, en 1596. Son père le destinait d'abord au barreau; il étudia à Saumur, sous des maîtres protestants, Cameron entre autres, qui lui firent embrasser la Réforme, et se livra à la théologie.

Nous le voyons, en 1631, assister au synode de Charenton et signaler à Louis XIII les infractions commises contre les édits de pacification; par égard pour son mérite, le roi le dispensa de parler à genoux devant lui, comme c'était alors l'usage. Tous les partis l'estimaient et l'aimaient pour sa bonté, sa tolérance et ses vertus privées.

Ses principaux ouvrages, oubliés et peu lus aujourd'hui, étaient très goûtés de ses contemporains. Citons parmi les principaux : *l'Apologie de la religion réformée; du Règne de mille ans ou Prospérité de l'église de Saumur; Traité des religions contre ceux qui les estiment toutes indifférentes.*

BRETONNEAU

Bretonneau (1660-1741), dit le père Bretonneau, est né à Tours. Il peut être mis au nombre des plus grands prédicateurs. Ses sermons, auxquels il faut joindre l'oraison funèbre de Philippe de France, duc d'Orléans (1701), ont été réunis en sept volumes. On lui doit une excellente édition des sermons de Bourdaloue.

3. — ROMANCIERS

RABELAIS

Rabelais (François) naquit à Chinon, en 1483. Son père, aubergiste à l'enseigne de la Lamproie, lui fit commencer ses études à l'abbaye de Seuilly; mais les progrès du jeune étudiant ne répondant pas à ses espérances, il le plaça au collège de la Basmette, près d'Angers. Rabelais y connut les frères du Bellay qui furent plus tard ses protecteurs et ses amis. Ses études terminées, il entra à Fontenay-le-Comte dans l'ordre de Saint-François. C'est là qu'il reçut la prêtrise (1511).

Comment l'amour des belles-lettres se développa-t-il en lui? Il est probable qu'au cours de ses études, il se lia avec quelques érudits comme il en existait tant au seizième siècle, et qu'il commença, dans le silence du cloître, ces travaux qui lui procurèrent un savoir si étonnant.

Une aventure scandaleuse faillit briser sa carrière; enfermé dans les prisons du couvent de Fontenay-le-Comte, il ne put recouvrer la liberté que grâce à l'intervention d'amis influents. Déjà, à cette époque, il était en relations avec quelques-uns des hommes célèbres de son temps, Marot et Calvin, entre autres; cependant il n'eut dans la suite que des rapports très réservés et très bornés avec Calvin dont l'intolérance et le fanatisme lui étaient odieux. Il entra dans l'ordre de Saint-Benoît, à l'abbaye de Maillezais, qu'il quitta « sans licence de ses supérieurs. »

Quelques années après, nous le retrouvons près de Poitiers, au château de Ligugé, chez son ancien condisciple et ami, l'évêque Geoffroy d'Estissac, puis dans le Perche, curé de Souday, commensal et ami des frères du Bellay qui habitaient le château de Glatigny. Mais son amour pour les aventures ne lui permettait de se plaire nulle part. Il voulut étudier la médecine et il partit pour Montpellier (1530); là, il étonna ses professeurs par un esprit à la fois enjoué et profond, et telle était l'estime qu'il leur inspirait, qu'il fut chargé par eux d'aller défendre à Paris, auprès du chancelier Duprat, les privilèges menacés de l'Université de Montpellier.

La médecine ne put pas le retenir longtemps et, un peu plus tard, nous le retrouvons à Lyon où parut le premier livre de sa chronique Gargantuine (1542.) Le succès de cet ouvrage fut tel, comme il le raconte lui-même, qu'il en fut plus vendu en deux mois qu'il n'avait été vendu de bibles en dix ans.

Jean du Bellay allant à Rome, en qualité d'ambassadeur, le rencontra à Lyon et en fit son secrétaire particulier.

Rabelais, qui s'était fait bénédictin depuis son aventure de Fontenay-le-Comte, l'accompagna dans son voyage. La vie du cloître lui pesait. Il obtint sans peine du souverain pontife sa sécularisation, avec le pardon de ses fautes passées. Il fut même chargé d'une mission à Paris. C'est pendant ce voyage, et de passage à Lyon, qu'il eut cette singulière aventure qui a donné lieu à cette locution familière : le quart d'heure de Rabelais.

Privé de ressources et ne pouvant payer ses frais d'hôtel, il feignit d'être l'instrument d'un complot contre la vie du roi et d'avoir préparé des poisons redoutables. Il voyagea à grands frais, comme font les grands coupables, et arriva ainsi à Paris. François Ier rit beaucoup du stratagème et l'invita à sa table.

De retour en France, Rabelais se consacra entièrement à la littérature; nous le voyons d'abord à Lyon, à

Montpellier, où il reçoit le bonnet de docteur (1537), puis à Saint-Maur-des-Fossés et enfin à Meudon (1551), dont la cure lui fut donnée par l'influence du cardinal du Bellay, son protecteur et son ami. C'est là qu'il fit paraître les deux derniers livres de son *Pantagruel;* il est mort à Paris en 1553, laissant son œuvre inachevée.

Rabelais est l'écrivain le plus original de la Renaissance. Son œuvre est une longue et mordante satire des institutions de son temps ; tous les abus, tous les vices de la société du seizième siècle y sont dévoilés avec une audace qui n'était pas sans péril pour lui. Aussi se crut-il obligé de désarmer la colère par le rire : les idées les plus hardies sont acceptées sous le couvert de la plus intarissable gaieté. On lui reproche, non sans raison, la grossièreté et l'inconvenance de quelques-uns des chapitres de son livre. On a dit de son œuvre que c'était un fumier, mais un fumier *rempli de perles*. Cependant, pour bien juger Rabelais, il faut se reporter, par la pensée, à l'époque où il vivait ; le langage qu'on lui reproche était, en grande partie, celui de ses contemporains et même de la cour. C'était peut-être pour lui une nécessité de prendre parfois le masque de la folie pour faire passer plus facilement la hardiesse de sa pensée ; mais, s'il lui arrivait de paraître fou, c'était un fou de sang-froid qui nous a laissé des enseignements pleins de bon sens. Il nous raconte lui-même le sens profond qui se cache sous une bouffonnerie qui va même, dans quelques passages, jusqu'à la licence.

« Vîtes-vous onques chien rencontrant quelque os
» médullaire ? Le chien est, comme dit Platon, la bête
» du monde la plus philosophique ; si vous l'avez vu,
» vous avez pu noter de quelle dévotion il le guette, de
» quel soin il le garde, de quelle ferveur il le tient, de
» quelle prudence il l'entame, de quelle affection il le
» brise et de quelle diligence il le suce. Qui l'induit à
» ce faire ? Quel est l'espoir de son étude ? Quel bien
» prétend-il ? Rien qu'un peu de moëlle. A l'exemple
» d'icelui, vous convient-il d'être sages pour flourer
» sentir et estimer ces beaux livres de haute graisse,
» légers au prochas (à la poursuite) et hardis à la ren-
» contre ; puis, par curieuse leçon et méditation fré-

» quente, rompre l'os et sucer la substantifique
» moëlle. »

Pédagogie, philosophie, religion, morale, économie politique, Rabelais jette sur tous les sujets qu'il traite des aperçus originaux et hardis. Ennemi du convenu et de la routine, il combat le fanatisme sous toutes ses formes : La Fontaine, Molière, Voltaire avaient pour maître François, comme ils l'appelaient, une admiration sincère et respectueuse. C'est un de ces hommes qui font le plus honneur à leur patrie et à l'humanité.

BALZAC

Balzac (Honoré de) est né à Tours (1799) (1), d'une famille originaire du Languedoc. Son père avait été secrétaire du Conseil d'Etat sous Louis XVI ; en 1799, il remplissait à Tours les fonctions d'administrateur de l'hospice.

Très jeune encore, Balzac était très passionné pour la lecture, et il est arrivé plus d'une fois à ses sœurs de le trouver assis sur le bord du Cher ou de la Loire, dévorant un livre emprunté à la bibliothèque paternelle.

Ses premières études furent mauvaises ; placé par sa famille au collège de Vendôme, il fut peu apprécié de ses professeurs qui l'accablaient de pensums. Il voyait même, sans trop de regret, s'ouvrir parfois la porte du cachot, car là, au moins, il pouvait, grâce à un livre habilement dissimulé sous ses vêtements, se livrer à ses lectures favorites. Cependant, ce régime altéra sa santé et il fut obligé de rentrer dans sa famille. Là, le grand air, la liberté et les soins affectueux des siens, de sa sœur aînée surtout, le rétablirent assez promptement. Il recommença alors, de plus belle, à se livrer à sa passion pour la lecture. Sur ces entrefaites, son père, appelé à la direction du service des vivres à Paris, quitta Tours. Balzac suivit sa famille dans la capitale, acheva ses classes, prit le grade de licencié et fit son droit. Le moment de choisir une carrière était arrivé.

---

(1) Une plaque commémorative de sa naissance a été placée à la maison où il est né, rue Nationale, n° 43.

Il était destiné au notariat; mais il rêvait déjà la gloire littéraire et se flattait de devenir un grand écrivain, ce qui excitait les plaisanteries de ses sœurs; cependant il finit par obtenir un délai de deux ans pour faire ses preuves.

Il travailla alors avec ardeur à une tragédie, *Cromwell*, qui devait être lue dans un cercle d'amis où se trouvait Andrieux; le jour de l'épreuve arrivé, la tragédie fut jugée détestable.

Balzac ne se décourage pas, mais ses débuts sont pénibles; de 1822 à 1826 il publie un certain nombre de feuilletons et de chroniques littéraires peu dignes de son talent, et qu'il signe des pseudonymes d'Horace de Saint-Aubin, de lord Rhoone. La littérature n'ayant pas répondu encore à ses espérances, il songe au moyen de faire promptement fortune; dans ce but, il veut exploiter d'anciennes mines abandonnées en Sicile; ses projets n'aboutissent pas; il fonde ensuite une imprimerie à Paris; cette entreprise, commencée sous d'heureux auspices, ne tarde pas à péricliter et il y perd une grande partie de ses ressources. Alors il revient vers la littérature comme vers un port de refuge, et il jure de fixer l'inconstance de la fortune. C'est à cette époque que commence pour lui une nouvelle période de labeurs opiniâtres et d'efforts incessants qui devaient lui procurer cette gloire et cette célébrité dont il était si avide. De 1828 à 1850, il ne cesse de produire, prodiguant sur tous les sujets les trésors de sa féconde imagination et les fruits de sa fine et profonde observation. Sa méthode de travail mérite d'être citée. Quand il avait choisi un sujet et qu'il en avait tracé les contours, il se mettait à écrire; puis, presque sans interruption, nuit et jour, soutenant son attention à force de volonté, il remplissait d'interminables feuillets qu'il plaçait à côté de lui sans les relire; quand l'ouvrage était fini, il classait les feuillets, les relisait, biffait, raturait, surchargeait, corrigeait et ajoutait souvent des chapitres entiers dans une marge qu'il avait ménagée à dessein. Les épreuves qui lui étaient communiquées étaient corrigées de même; de sorte que certains de ses ouvrages ont fait la navette plus de quinze fois entre le cabinet de l'auteur et l'imprimerie, avant d'être livrés au public; ce serait le cas, entre autres, de son roman de *Pierrette*.

Le premier ouvrage signé de son nom fut *le Dernier Chouan*, qu'il avait écrit en Vendée, sur le théâtre même des événements qu'il retraçait. Plus tard, il conçut le projet d'un vaste monument littéraire qui devait être le tableau de la société contemporaine. Il se mit à l'œuvre avec une volonté de fer; les scènes *de la vie privée, de la vie de province, de la vie militaire, de la vie de campagne, de la vie politique, des études philosophiques et analytiques* ont rempli ce vaste cadre d'un grand nombre d'ouvrages dont quelques-uns sont des chefs-d'œuvre.

Balzac a su pénétrer dans les plus secrets replis du cœur et il a tout embelli par l'étonnante richesse de son imagination. Il excelle à peindre les ridicules de la bourgeoisie; son style est pittoresque et original; ses descriptions sont d'une vérité frappante, quoique quelquefois d'une longueur démesurée. On lui reproche de s'attacher à peindre la partie la plus défectueuse de la société et de manquer lui-même de fixité dans ses principes. Un écrivain spirituel a qualifié son tableau de la société de « Musée Dupuytren de la nature morale. »

En 1848, il épousa une de ses admiratrices, madame de Hanca. Balzac espérait enfin jouir en paix de sa gloire et de ses travaux, quand la mort vint le surprendre (1850). Un immense cortège l'accompagna à sa dernière demeure et Victor Hugo, sur sa tombe, apprécia son œuvre de la manière suivante:

« Tous ses livres n'en font qu'un, vivant, lumineux, pro-
» fond, où l'on voit aller et venir, et marcher, et se
» mouvoir, avec je ne sais quoi d'effaré et de terrible,
» mêlé au réel, toute notre civilisation contemporaine;
» livre merveilleux que le poète a intitulé *Comédie* et
» qu'il aurait pu intituler *Histoire*; qui prend toutes les
» formes et tous les styles; livre qui prodigue le vrai,
» l'intime, le bourgeois, le trivial, le matériel, et qui,
» par moment, à travers toutes les réalités largement
» et brusquement déchirées, laisse tout à coup entre-
» voir le plus sombre et le plus tragique idéal... Balzac
» saisit corps à corps la société moderne, il arrache
» à tous quelque chose, aux uns l'illusion, aux autres
» l'espérance; il fouille le vice; il dissèque la passion;

» il creuse et sonde l'homme, l'âme, le cœur, les en-
» trailles, le cerveau, l'abîme que chacun a en soi. »

BÉROALDE DE VERVILLE

Béroalde de Verville (François) (1558-1612) est originaire de Tours. Son frère, après avoir été évêque, avait embrassé la religion protestante. Lui-même fut élevé dans le protestantisme, mais, s'étant converti, il reçut un canonicat à Tours. Savant presque universel, il était poète et passait pour alchimiste. Son principal ouvrage, *Le moyen de parvenir*, est une satire piquante de la vie humaine, écrit dans le genre de Rabelais. On lui doit aussi des contes, des facéties, des rébus, les uns insipides, les autres graveleux ; c'est une source où beaucoup d'autres auteurs ont puisé.

MOGET

Moget (Charles-Octave), connu dans les lettres sous le nom d'*Octave Féré*, est né à Tours, en 1815. Professeur à Rouen, il collabora à un grand nombre de journaux, le *Phare de Dieppe*, le *Messager de Rouen*, et il publia des romans qui eurent un grand succès. On cite, entre autres, *les Mystères de Rouen* (1844), *le Meurtrier du roi*, *l'Homme au masque de fer*, etc.

DUCHESNE

Duchesne (Georges) (1824-1874) est né à Beaumont-la-Ronce. Il fit de bonnes études au séminaire de Tours et fut d'abord typographe dans cette ville. Ayant rencontré Proudhon à Paris, en 1848, il fonda, avec lui, *le Représentant du Peuple*. Cavaignac supprima cette feuille. Georges Duchesne ne se rebuta pas et il publia un autre journal, *le Peuple*, qui valut à son auteur un grand nombre d'amendes et d'années de prison. L'amnistie de 1852 le rendit à la liberté. Depuis, il s'occupa de questions de finances et il a fait paraître le *Manuel du spéculateur à la Bourse*.

5. — POÈTES

RACAN

Racan (Honorat de Bueil, marquis de) (1589-1670), naquit au château de la Roche-Racan. Son père était maréchal de camp; son éducation fut négligée et il ne sut jamais le latin. D'abord page de Henri IV, il suivit en cette qualité la carrière des armes. Il se lia à la cour avec le poète Malherbe, ami de son oncle maternel, le duc de Bellégarde. Une tendre affection ne tarda pas à unir Malherbe à Racan qui montrait de grandes dispositions pour la poésie, mais qui, au gré du maître, avait le défaut de ne pas travailler assez ses vers. Le principal de ses ouvrages fut son poème des *Bergeries*. Boileau, dans son Art poétique, a apprécié le genre de son talent dans le passage suivant :

> Malherbe, d'un héros peut vanter les exploits;
> Racan, chanter Philis, les bergers et les bois.

On lui doit aussi des odes, des stances, des sonnets qui respirent une poésie simple et touchante, mais qui manquent d'élévation. Cependant, il a donné à la langue poétique une grâce et une harmonie qu'on ne lui connaissait pas auparavant. Il fut admis à l'Académie française, malgré son ignorance du latin, et mourut au château de la Roche-Racan, en 1670.

DESTOUCHES

Destouches (Philippe-Néricault) naquit à Tours (1680-1754). Suivant quelques écrivains, Destouches fut d'abord soldat et fit la campagne d'Espagne (1703). D'autres le montrent engagé dans une troupe d'acteurs ambulants et parcourant la Suisse. Là, il rencontra le marquis de Puysieux, ambassadeur français, qui se l'attacha en qualité de secrétaire. De retour à Paris, Destouches y fit jouer ses premières comédies : *le Curieux impertinent* et *l'Ingrat*.

Le Régent, l'ayant remarqué, le chargea d'accompagner Dubois, envoyé en mission en Angleterre auprès du roi Georges Ier. Destouches resta à Londres en qualité de ministre de France, après le départ de Dubois; il s'y maria et y fit jouer l'une de ses meilleures pièces : le *Philosophe marié*.

Revenu en France, il ne s'occupa plus que de littérature ; c'est alors que parut *le Glorieux* (1732), son chef-d'œuvre, puis *le Dissipateur*. Il a composé un grand nombre de comédies, parmi lesquelles on ne connaît plus guère aujourd'hui que *le Glorieux*, *l'Irrésolu* et *le Philosophe marié*.

Ses contemporains l'appelaient le Térence français ; il se place au-dessous de Molière dont il n'a pas la verve comique ; mais son style est correct et élégant ; il a donné des tableaux assez fidèles des mœurs de son temps dans lesquels la vertu est présentée sous une forme aimable.

Ce qui lui manque le plus, c'est la force comique et la vérité des caractères ; les siens sont presque toujours exagérés ou faux. Celui dans la peinture duquel il s'est complu, c'est le caractère du bourgeois devenu riche, insolent,

« Et seigneur suzerain de deux millions d'écus. »

GRÉCOURT

Grécourt (Jean-Baptiste Villart de) naquit à Tours (1683-1743). Sa mère, veuve et chargée de la poste aux lettres de cette ville, confia son éducation à un parent qui lui fit faire de bonnes études à Paris. N'ayant aucune fortune, il sollicita et obtint un canonicat auprès de Saint-Martin de Tours. Mais Grécourt était loin d'avoir la vocation ecclésiastique ; son premier sermon causa du scandale. Plein d'esprit et d'enjouement, il était recherché dans les salons aristocratiques. Le maréchal d'Estrées l'emmenait souvent avec lui quand il allait présider les Etats de Bretagne, et le duc d'Aiguillon (de Veretz) en avait fait son commensal et son ami. Dans ces réunions dont il était l'Horace, il se livrait à une vie de plaisir et de dissipation dont on trouve l'écho dans ses poésies, d'un style facile, mais souvent incorrect, parfois même ordurier et dont le fonds manque de naturel. Ses œuvres, augmentées de pièces empruntées à Piron et à Voltaire, n'ont point été imprimées de son vivant ; elles ont paru à Lausanne, en 1746. Elles se composent surtout du poème *Philotanus* et d'un apologue : *le Solitaire et la Fortune.*

BOUILLY

Bouilly (Jean-Nicolas), né à Joué, à la Coudraie (1763), est mort à Paris (1842). Son père le destinait au barreau et il exerça les fonctions d'avocat à Paris, vers 1789. Cependant son goût l'entraînait vers la littérature. En 1790, parut sa première pièce : *Pierre le Grand* (musique de Grétry); elle eut un grand succès. La reine Marie-Antoinette, flattée d'une allusion délicate, lui offrit une tabatière ornée de son portrait et de celui du roi; sous la Convention, il en fit cadeau à la société des Jacobins de Tours pour se faire pardonner probablement de l'avoir reçue. Bouilly manqua de caractère et fut toujours l'ami et le flatteur du pouvoir dominant, ce qui fait plus honneur à son habileté qu'à la sincérité de ses sentiments.

Après le 9 thermidor, il fit partie de la commission chargée d'organiser les écoles primaires. Bouilly fut l'un de nos plus féconds auteurs dramatiques. Il a composé, en collaboration avec les compositeurs Grétry, Méhul, Chérubini, un grand nombre de pièces qui eurent beaucoup de succès auprès de ses contemporains. Les principales sont: *l'Abbé de l'Épée* (musique de Chérubini); *le Jeune Henri* (musique de Méhul); *Valentine de Milan* (musique de Méhul), etc. Il sait conduire et charpenter une pièce, comme il le dit lui-même, dans une chanson où il se compare à Sedaine. Son défaut c'est une certaine exagération de sensibilité qui dégénère facilement en sensiblerie.

Dans plusieurs de ses productions où il s'adresse à l'enfance, il se montre le rival de Berquin : *Contes à ma fille; Conseils à ma fille; la Jeune femme; la Jeune mère; Causerie d'un vieillard.* Il a de l'imagination, un style agréable et une morale toujours pure.

VIGNY

Vigny (Alfred-Victor, comte de) naquit à Loches, en 1797, dans cette Touraine qu'il a si bien décrite dans son roman de *Cinq-Mars.* Son père appartenait à une vieille famille militaire, originaire de la Beauce. C'est d'ailleurs en Beauce, au château du Tronchet, que s'écoula sa première enfance. Placé ensuite dans une institution de Paris, il y fit de rapides progrès; mais sa famille, qui était royaliste, trouva qu'il y devenait trop impérialiste; elle le rappela auprès d'elle et lui donna des professeurs particuliers.

Il aimait à entendre son vieux père raconter ses campagnes en montrant ses blessures; à seize ans, il se crut la vocation militaire et s'engagea dans les mousquetaires rouges de la maison du roi. C'est en cette qualité qu'il suivit Louis XVIII à Gand, pendant les Cent jours. Ce fut sa seule campagne. Il aurait bien désiré prendre part à une véritable expédition militaire; un moment, pendant la guerre d'Espagne, il crut toucher au but; mais son attente fut trompée et il dut se contenter de monter la garde au pied des Pyrénées.

Cette vie monotone de garnison finit par le fatiguer; il se lassa de traîner le sabre de ville en ville et il quitta le service avec le grade de capitaine (1827), pour se consacrer tout entier à la littérature.

En poésie, Alfred de Vigny n'a pas composé d'ouvrages de longue haleine; ses poèmes affectent la forme de petits drames de deux cents à trois cents vers où tout est à sa place et d'où la pensée, un peu triste et rêveuse, se dégage graduellement, embellie par l'éclat des images et par les richesses d'une versification puissante et gracieuse à la fois. Son vers, coupé à arêtes vives, brille d'un charme pénétrant. Le sujet de ses poèmes est souvent religieux; mais le doute est au fond. Quelque part, l'auteur se flatte d'avoir mis, le premier en France, une pensée philosophique sous une forme épique ou dramatique; il ne cherche pas l'inspiration poétique dans le moi, mais hors du moi, dans la nature, la science, l'histoire et la légende. Leconte de l'Isle est aujourd'hui, en France, le représentant le plus autorisé de ce genre poétique. Alfred de Vigny appartient à l'école romantique, à côté de Lamartine, dont il fut l'ami, et de Victor Hugo, dont il a subi l'influence.

Eloa, ou la Sœur des Anges, est le plus parfait de ses poèmes (1824). Ce besoin de soulager l'infortune, de sécher les larmes, cette tendresse pour le malheur, font songer à d'autres chutes causées aussi par les entraînements du cœur. Ses autres poëmes : *Dolorida, le Déluge, Moïse, la Sérieuse*, ont aussi un grand mérite littéraire.

Alfred de Vigny a publié, à l'imitation de Walter Scott, un roman historique, *Cinq-Mars*, qui eut une grande vogue. Aujourd'hui ce livre a perdu de sa réputation ; on reproche à l'auteur d'y avoir traité l'histoire d'une façon préconçue et d'y avoir surtout méconnu la figure et le caractère de Richelieu dont il a fait un tyran détestable, sans tenir compte des services que ce grand homme d'État a rendus à son pays.

Après *Cinq-Mars* il a fait paraître *Stello*, puis *Servitudes et grandeurs militaires* (1832-1835).

Parmi ses œuvres dramatiques, on peut citer : *La Maréchale d'Ancre, Othello*, traduit de Shakespeare, et *Chatterton*, qui eut un immense succès (1835) ; il soutient, dans ce drame, cette thèse que le poète, qui est souvent méconnu de la société, devrait être entouré de considération et d'honneurs. C'est dans la même pensée qu'il avait adressé aux Chambres, en 1841, un mémoire sur la propriété littéraire, dans lequel il demande, pour les héritiers d'un auteur, un droit sur chaque nouvelle édition de ses œuvres.

En 1845, l'Académie française le reçut dans son sein. Un poème philosophique, *les Destinées*, où règne un certain scepticisme, a été publié après sa mort, arrivée à Paris, en 1863.

Quelques autres auteurs, moins illustres que les précédents, sont nés en Touraine et font aussi honneur à cette province.

On peut citer plus particulièrement :

GABEROT

Gaberot (Louis), né à Bléré, y remplit, vers la fin du seizième siècle, les fonctions de bailly. Il a publié une traduction estimée d'Horace.

TISSARD

Tissard (François), né à Amboise en 1460. Il étudia à l'Université d'Orléans, voyagea en Italie, et fut professeur à l'Université de Paris. C'est à lui et à l'imprimeur Gourmont que l'on doit les premières éditions grecques publiées en France. Il a fait paraître aussi une grammaire hébraïque et il a été l'un des restaurateurs de l'étude de l'antiquité dans notre pays.

BRODEAU

Les Brodeau forment une famille de littérateurs originaires de Tours. Le plus célèbre, BRODEAU (VICTOR) seigneur de Candé, mort en 1540, fut valet de chambre de Marguerite de Navarre et de François Ier. C'était un poète estimé et ami de Marot. Il a publié, en vers de dix syllabes, un livre sur les *Louanges de Notre Seigneur J.-C.*

Son fils, BRODEAU (JEAN), chanoine de Saint-Martin-de Tours, était un helléniste distingué; il a fait des traductions grecques très estimées de ses contemporains.

Un autre membre de cette famille, BRODEAU (JULIEN), mort à Paris en 1653, était versé dans la science du droit. On lui doit les *Commentaires de la coutume de Paris*. Son fils, appelé aussi JULIEN, se livra aux études philosophiques. Son principal ouvrage est intitulé : *Les preuves des existences, ou idée d'une nouvelle philosophie.*

CHAPPUIS

Chappuis (Claude), né à Amboise, vers la fin du quinzième siècle, fut, comme les Brodeau, valet de chambre des Valois et, de plus, bibliothécaire de François Ier; comme eux il cultiva les Muses ; mais ses œuvres, toutes d'actualité, telles que la *Complainte de Mars, ou la venue de Charles-Quint en France*, la *Célébration du Sacre de Henri II*, ne sont plus lues aujourd'hui.

PAPILLON

Papillon (Marc de), dit le capitaine Laphrise (1555-1599), est né à Amboise. Entré au service à l'âge de douze ans, il passa à l'armée la plus grande partie de sa vie et sut charmer les loisirs du métier militaire par le culte des belles-lettres ; comme il l'apprend lui-même :

« Le collège est au camp ; l'étude au corps de garde,
« Où, sans les livres, j'ai des livres composés. »

Vers 1790, il a publié divers ouvrages, sonnets, stances, élégies, assez estimés de ses contemporains, et surtout une nouvelle tragi-comique, véritable comédie, qui ne manque ni de verve, ni d'imagination, et où se rencontrent quelques vers heureux.

FORGET

Forget (Pierre), né à Tours, vers 1569, fut généalogiste de Henri IV. On lui doit un recueil de quatrains, *les Sentiments universels*, dédié à Richelieu. La langue en est bonne et la poésie agréable. Mais les sentiments n'y sont pas toujours d'une moralité irréprochable.

MAROLLES

Marolles (Michel de) (1600-1681) est né en Touraine. Son père, capitaine aux gardes du roi, l'emmena, jeune encore, à Paris, où il fit de bonnes études. Ayant embrassé l'état ecclésiastique, il devint abbé de Villeloin. Dans sa retraite, il a traduit tous les classiques latins ; mais ses traductions, faites hâtivement, sont incorrectes, parfois inexactes et peu estimées de nos jours.

L'abbé Marolles aimait les beaux-arts ; il réunit un cabinet d'estampes d'une grande valeur qui fut acheté par Colbert, en 1667, et que l'on peut admirer au cabinet d'estampes de la Bibliothèque nationale.

DUTENS

Dutens (Louis) naquit à Tours d'une famille protestante. Il alla à Paris pour y faire jouer une comédie, *le Retour d'Ulysse*, qui n'eut aucun succès. Sa sœur ayant été arrachée à sa famille par l'autorité ecclésiastique, il quitta une patrie où la tolérance n'existait pas et se réfugia près d'un de ses oncles, en Angleterre. Là, il se chargea d'une éducation particulière, entra dans la diplomatie et fut nommé secrétaire de l'ambassade du roi à Turin. Après avoir voyagé en Italie, il revint à Londres, où il mourut en 1812.

Ses pièces de vers sont peu estimées. Son ouvrage le plus apprécié est intitulé : *Recherches des principales découvertes attribuées aux modernes*. Il a donné une excellente édition des œuvres de Leibnitz.

HOUDAN DES LANDES

Houdan des Landes (1754-1807) naquit à Vernou. Élève de l'école militaire, il en sortit capitaine, assista au siège de Gibraltar, dont il publia une relation, et servit sous Desoix, en Bretagne, jusqu'à ce qu'un décret de la Convention eût écarté tous les anciens nobles de l'armée (1793). Retiré dans sa terre d'Usage, près d'Huismes, il s'y livra à la poésie descriptive. Ses œuvres, qui ont paru après sa mort, forment un poème en trois chants. Quelques passages présentent les traces d'un réel talent poétique; mais l'ensemble de la composition est mal ordonné et le style manque de chaleur et de correction.

TONNELLÉ

Tonnellé (Louis-Nicolas-Alfred) est né à Tours, en 1831. Son père était médecin. Il montra de grandes dispositions pour les lettres et parcourut l'Allemagne avec Heinrich. A la suite de ce voyage, il publia des traductions estimées de Gœthe et d'Uhland. Une mort prématurée (1858) l'enleva à l'affection des siens et à son pays à qui ses premiers ouvrages promettaient un écrivain d'un réel mérite.

On a de lui des *fragments sur l'Art et la Philosophie*.

POÈTES LATINS

PIELLÉ

Piellé (Guillaume) prend la qualité de Turonensis, bien qu'on ignore exactement le lieu de sa naissance. Il vivait sous Charles VIII. Son poème de l'*Expulsion des Anglais du sol de France à la fin de la guerre de Cent ans* ne manque ni d'élégance ni de chaleur poétique.

RAPIN

Rapin René (1621-1687) naquit à Tours et entra, jeune encore, dans la compagnie de Jésus. Il professa les belles-lettres à Paris et se fit un nom dans la littérature par son poème des *Jardins* dont le style a été jugé digne des écrivains du siècle d'Auguste. Ce poème, traduit en plusieurs langues, a été imité par Delille. Rapin a laissé également un poème sur la Passion et divers autres écrits, odes, églogues, etc...

COMMIRE

Commire Jean (1626-1702) naquit à Amboise. Il vécut avec les anciens dont il s'assimila si bien la langue qu'il a produit, en latin, des poésies très estimées : idylles, odes et surtout des fables dont l'élégance surpasse, dit-on, celles de Phèdre. On cite, comme un chef-d'œuvre de goût et d'élégance, sa transformation de Lucinius en rossignol. Son style est élégant et fleuri; sa langue, correcte et harmonieuse.

6. — HISTORIENS. ARCHÉOLOGUES

THOMAS DE LOCHES

Thomas de Loches ou Thomas Paccius vivait vers le douzième siècle. Prieur de la collégiale de Loches, il a retrouvé et augmenté la chronique d'Odon.

DUCHESNE

Duchesne André (1584-1640) naquit à l'Ile-Bouchard. Sa situation d'historiographe du roi lui permit de faire des recherches fructueuses dans les archives des parlements, des villes, des cours souveraines, des églises et des monastères. Il en recueillit une abondante moisson d'importants documents qu'il a mis au jour et dans lesquels les historiens qui l'ont suivi ont puisé des renseignements précieux. A sa mort, causée par une chute de voiture, il a laissé plus de cent volumes de pièces manuscrites, sans compter les ouvrages très nombreux qu'il avait publiés de son vivant. Le cardinal de Richelieu l'estimait beaucoup et l'appelait son bon voisin (l'Ile Bouchard se trouvait en effet dans le voisinage de son château de Touraine). Ses contemporains l'avaient surnommé le Père de l'histoire de France, titre glorieux que les générations suivantes ont confirmé et que lui ont mérité ses travaux et son immense érudition.

HARDION

Hardion (Jacques) (1686-1766) naquit à Tours. Il fit ses études au collège de cette ville et servit d'abord dans la marine, en qualité de sous-commissaire. A la mort de son protecteur, le comte de Morville, il quitta le service et se consacra à la littérature. Louis XV le choisit pour diriger l'éducation de ses filles ; il joignait à ces fonctions celles de conservateur des livres du cabinet du roi.

Hardion ne cessa jamais d'être digne de cette mission de confiance par la dignité de sa vie, sa probité et son érudition. Il composa dans l'intérêt de ses royales élèves plusieurs livres d'enseignement, entre autres un traité de rhétorique, un livre de poésie et surtout une histoire universelle, qui passait pour la meilleure du XVIIIe siècle.

Il fut membre de l'Académie française (1730) et, plus tard, de l'Académie des Inscriptions et Belles-Lettres.

GALLAND

Galland (Auguste) naquit à Tours, en 1672.

Il fut avocat au parlement de Paris, puis conseiller d'État.

Il a publié d'importants travaux historiques sur le franc alleu, sur l'origine des droits seigneuriaux et sur les lois données au pays des Albigeois par Simon de Montfort.

FOUCHER

Foucher (Paul) naquit à Tours (1704).

Il fut membre de la Congrégation de l'Oratoire qu'il quitta bientôt pour suivre les cours de la Sorbonne. Sa famille ayant éprouvé des revers de fortune, il se chargea d'une éducation particulière, dans la famille de la Trémoille, dont il est toujours resté l'ami.

Son principal ouvrage est une *Etude sur la religion des Perses et sur celle des Grecs*. Il fit partie de l'Académie des Inscriptions et Belles-Lettres.

CHALMEL

Chalmel (Jean-Louis) naquit à Tours, en 1756. Ce fut d'abord un fougueux révolutionnaire. Il occupa pendant quelque temps les fonctions de secrétaire-général du Comité de l'Instruction publique.

En 1795, les électeurs tourangeaux le choisirent pour député et il siégea au Conseil des Cinq-Cents. Proscrit après le 18 brumaire, il ne tarda pas à rentrer en faveur, et nous le retrouvons conservateur de la bibliothèque de Tours, puis directeur des droits réunis à Mayence, sous-préfet de Loches et, en 1815, député d'Indre-et-Loire.

On lui doit une *Histoire de la Touraine*, en 4 volumes, assez estimée. Il a puisé surtout dans les manuscrits aujourd'hui égarés de Carreau; mais il n'a pas toujours suffisamment contrôlé les faits aux sources originales, et son histoire contient quelques erreurs.

TASCHEREAU

Taschereau (Jules-Antoine) est né à Tours, en 1801. Un de ses ancêtres avait été lieutenant-général de police, vers 1720, et son père était conseiller à la Cour d'Orléans. Ayant terminé ses études, il se fit journaliste, collabora au *National*, avec Armand Carrel, puis au *Courrier Français*, et fonda la *Revue rétrospective*. En 1837, les électeurs de Loches lui confièrent le mandat de député et il vota avec la gauche. Mais, au coup d'État du 2 décembre 1851, il se rallia à Bonaparte et fut nommé administrateur, puis directeur (1858) de la Bibliothèque nationale.

Il a écrit dans un grand nombre de journaux, publié d'excellentes éditions des auteurs français et commencé la rédaction du catalogue général de la Bibliothèque nationale.

Ses histoires de la vie et des œuvres de Corneille et de Molière sont surtout estimées.

II. — ARTISTES

1. — SCULPTEURS

MICHEL COLOMBE ou COLOMBEAU

Michel Colombe ou Colombeau naquit vers 1481 et mourut en 1512. On sait peu de chose des diverses circonstances de sa vie. Les Bretons le considèrent comme un de leurs compatriotes. Cependant la Touraine, à bon droit, revendique l'honneur de sa naissance, et c'est à Tours certainement qu'il a passé la majeure partie de sa vie. Un grand nombre d'artistes de talent se sont formés à son école.

Les œuvres les plus connues de ce grand maître sont : une *Mort de la Vierge*, une *Mise au Sépulcre* (église de la Rochelle), le *tombeau de François II*, duc de Bretagne, qui se trouve dans la cathédrale de Nantes, les bas-reliefs de l'hôtel de Beaune (Tours) et le *tombeau de Philibert de Savoie*, à Brou, près de Bourg (Ain); la fontaine de la place du Grand-Marché (Tours) aurait été édifiée d'après ses dessins.

Michel Colombe était apprécié de ses contemporains; cependant sa réputation est restée bien au-dessous de son mérite. Quelques-uns de ses admirateurs l'ont appelé le Michel-Ange français et il mérite ce glorieux surnom. Ce qui caractérise surtout son talent, c'est la grâce et le fini du dessin.

LEJUSTE

Les deux frères Jean et Juste Lejuste naquirent à Tours vers le milieu du XVe siècle.

François Ier les employa à la décoration des palais de Fontainebleau, et ils furent chargés d'exécuter, à Saint-Denis, le *tombeau de Louis VII et d'Anne de Bretagne*.

On admire, dans la cathédrale de Tours, une de leurs œuvres les plus estimées, le *tombeau des enfants de Charles VIII* (1).

La fontaine qui orne la place du Grand-Marché (Tours) a été sculptée par eux, sur un dessin de Michel Colombe. Un riche Tourangeau, Jacques de Beaune, avait fourni le marbre.

On leur attribue également les deux monuments qui se trouvaient au prieuré de Bon-Désir, près de Tours, à la Bourdaisière, et qui ont été transportés depuis dans une église d'Amboise. François Ier se servait souvent de ces deux artistes pour orner ses résidences de Touraine.

---

(1) Quelques érudits attribuent aussi ce beau morceau d'architecture au ciseau de Michel Colombe.

BONNECHOSE

Bonnechose, statuaire, fut chargé par la ville de Tours (en 1770) de décorer la façade de son nouvel hôtel de ville. C'est donc à lui que l'on doit les deux statues du fronton de cet édifice, représentant le *Commerce* et l'*Industrie*, et les bas-reliefs allégoriques qui en décorent les fenêtres du premier étage.

PIERRE NEPVEU dit TRINQUEAU

Pierre Nepveu, dit Trinqueau, est né à Amboise vers la fin du xv° siècle. Il a commencé, en qualité de maître maçon du roi, la construction de Chambord. Le célèbre escalier qu'on admire dans ce château serait son œuvre.

2. — PEINTRES

FOUQUET

Fouquet (Jehan), né à Tours, vers 1418, et mort dans cette ville, en 1480, fut un peintre d'un grand mérite.

Il réussissait surtout dans le portrait, l'enluminure et les figures historiques. Louis XI en avait fait son peintre favori. Les dessins qui ornent le manuscrit des antiquités de Joseph, et que l'on peut voir à la Bibliothèque nationale, forment un des rares monuments qui nous restent de son talent. On cite encore de lui un portrait de Charles VII ; un autre d'Etienne Chevalier, en deux panneaux, dont l'un est à Francfort et l'autre au Musée d'Anvers.

Pendant un voyage en Italie, il fit le portrait du pape Eugène IV.

Paul de Saint-Victor apprécie en ces termes les mérites de ce grand peintre : « Jehan Fouquet eut peu
» d'égaux de son temps, même en Italie. Français par
» le caractère de ces types et les originalités de ses airs
» de tête, italien par le sentiment de l'ordonnance et
» l'exquise élégance du style, il semble peindre entre
» le crépuscule du Moyen-Age et l'aurore de la Renais-
» sance. Ses peintures, empreintes d'un éclat si vif et si
» doux, semblent garder ce double reflet. »

CLOUET

Clouet (François) (1510-1574) naquit à Tours. Son père, Jehannet Clouet, d'origine flamande, était peintre et valet de chambre de la maison du roi, sous François I*". C'était un artiste de grand talent; à sa mort, il le remplaça dans ses fonctions auprès du roi.

Très apprécié de ses contemporains, il réussissait surtout dans le portrait; comme la plupart des peintres de son temps, il ne signait pas ses œuvres; aussi beaucoup de tableaux qui lui sont attribués appartiennent peut-être à d'autres peintres.

On a conservé de lui, au Louvre, des *Portraits de Henri II, de François II et de Bussy d'Amboise*. Quelques-unes de ses toiles se trouvent à Berlin et en Angleterre; on cite, entre autres, de lui, au musée de Londres, un portrait remarquable de Charles IX.

BUNEL

Bunel (Jacob) (1558-1614) est né à Blois, d'une famille tourangelle. Son frère, né à Tours, fut aussi un peintre distingué et forma de nombreux élèves.

Claude Vignon, qui travailla dans son atelier, nous apprend qu'il a joui de la faveur de Philippe II, roi d'Espagne, et qu'il a peint le cloître de l'Escurial. « C'était, dit-il, le plus grand peintre qui fût alors en Europe. »

Henri IV, après la mort du Primatice, se l'attacha et le chargea, avec quelques autres artistes, de décorer les galeries du Louvre. Il nous reste peu de chose de son œuvre.

Sa femme, *Bahuche* Marguerite, avait aussi un réel talent. A la cour de Henri IV et de Louis XIII, elle fit les portraits d'un grand nombre de seigneurs. Elle reçut même une pension et un logement au Louvre, avec mission de réparer, de concert avec son neveu *Picou*, les peintures du Louvre et en particulier celles de son mari.

BOBRUN OU BEAUBRUN

Bobrun ou Beaubrun est le nom d'une famille de peintres célèbres à la cour des Bourbons, au XVII° siècle.

Originaires d'Amboise, ils se sont surtout distingués dans le portrait. Un grand nombre de seigneurs de la cour ont été peints par eux et plusieurs des tableaux du Louvre leur sont attribués. On doit à l'un d'eux, Henri Bobrun probablement, deux tableaux du musée de Tours, une *Minerve* et une *Vénus*.

VIGNON

Vignon (Claude), peintre du roi, est né à Tours, en 1573, et est mort à Paris, en 1674. Jacob Bunel, son compatriote et son ami, fut son premier maître. Son goût et son talent pour la peinture se développèrent pendant plusieurs voyages qu'il fit en Italie et en Espagne. On conserve même à Burgos une de ses meilleures toiles, représentant l'entrée de Don Alphonse dans cette ville.

Claude Vignon gravait à l'eau-forte avec un talent remarquable.

Peu d'artistes ont peint avec autant de facilité et de fécondité que lui, comme le prouve le fait suivant : A la suite d'un pari, il exécuta en vingt-quatre heures un tableau de six pieds de long sur cinq de large, renfermant vingt figures.

Il était membre de l'Académie de peinture.

FRANÇOIS SIMON

François Simon est né à Tours, en 1606, d'une célèbre famille d'artistes tourangeaux. C'est à un de ses ancêtres, Martin François, que l'on doit la construction des clochers de la tour septentrionale de la cathédrale de Saint-Gatien, ainsi que le bel escalier à jour qui s'y trouve; le magnifique cloître de Saint-Martin, dont la partie est subsiste encore aujourd'hui, est attribué à Sébastien François, un autre de ses parents.

François Simon se forma à l'école des Bobrun, ses compatriotes, et alla ensuite à Rome pour se perfectionner dans son art par l'étude des grands maîtres. Le Guide, qui était alors dans tout l'éclat de son talent, fut son ami et son modèle.

De retour en France, il fut nommé peintre du roi. La reine, Anne d'Autriche, lui ayant commandé le tableau d'une sainte Vierge avec Louis XIV en enfant Jésus, le tableau plut au cardinal de Richelieu qui l'obtint par ruse et l'offrit ensuite à Cinq-Mars. La reine, ignorant la violence morale faite à son peintre, ne voulut plus entendre parler de lui (1). François Simon quitta alors la cour et se consacra exclusivement au genre religieux. On lui doit un grand nombre de tableaux, parmi lesquels on remarque un portrait de Louis XIV enfant et un autre de saint Vincent-de-Paul.

Ses œuvres se distinguent surtout par la grâce de ses compositions et la fraîcheur du coloris.

BOSSE ABRAHAM

Bosse Abraham (1602-1676) est né à Tours. Sa famille le destinait au barreau; mais son goût pour le dessin l'entraîna et il se mit à imiter Callot. C'est surtout comme graveur qu'il est devenu célèbre. Ses relations avec un habile géomètre, des Argues, lui permirent d'emprunter à la géométrie tout ce qui pouvait éclairer le dessin, et il fixa les règles de la perspective fort peu connues avant lui.

L'Académie de peinture lui ouvrit ses portes; mais la vivacité avec laquelle il soutenait ses idées lui causa des ennuis. Il s'attira ainsi l'animosité de Lebrun, tout puissant à la cour de Louis XIV, et qui le fit exclure de l'Académie. Il se retira alors à Tours, où il mourut.

Ses gravures ont été réunies en un volume renfermant 700 pièces; il a publié divers ouvrages de dessin et, entre autres, un traité sur la gravure à l'eau-forte et un autre sur la perspective.

PICOU

Picou (Robert), peintre du roi, naquit à Tours, vers la fin du XVI° siècle. Jacob Bunel était son oncle, et il fut chargé, avec Bahuche Marguerite, sa tante, de l'entretien des peintures de la grande galerie du Louvre et de celle des Tuileries.

Son talent était très goûté de ses contemporains qui louaient surtout, dans ses œuvres, la pureté du trait. L'un de ses tableaux les plus remarquables représente saint François de Paule traversant la mer de Sicile sur son manteau.

---

(1) Féliblen, *Vie des Peintres*.

3. — ART DE LA TAPISSERIE

L'art de la tapisserie fleurit à Tours à diverses époques.

MOTERON

Un religieux, Moteron (Etienne), vers la fin du xv° siècle, faisait à Tours des étoffes composées des fils d'or, d'argent et de plumes d'oiseaux qui imitaient la peinture.

Au commencement du xvii° siècle, Henri IV, Marie de Médicis et le cardinal de Richelieu subventionnèrent dans cette ville une fabrique de tapisserie dirigée par *Alexandre Motheron*. Cette fabrique devint très prospère et produisit des ouvrages d'une grande valeur artistique.

4. — PEINTRES VERRIERS

PINAIGRIER

Pinaigrier (Robert) (1490-1545) naquit à Tours. Ce fut un artiste habile dans la peinture sur verre et sur émaux. Sa réputation fut très grande et ses œuvres ont contribué à orner un grand nombre d'églises; on cite entre autres les vitraux de l'église de Saint-Hilaire de Chartres et ceux de l'église de Saint-Etienne-du-Mont, à Paris, ainsi que les belles verrières de la chapelle de Champigny-sur-Veude.

Ses quatre fils furent également des artistes d'un grand mérite.

SARRAZIN

Sarrazin, d'une famille originaire de Dijon, était contemporain de Pinaigrier. Il a résidé à Paris et à Tours. On lui attribue les vitraux qui ornaient la chapelle à l'entrée de la cathédrale de Tours et qui étaient très estimés des connaisseurs. Ces vitraux ont été brisés par la grêle en 1637, et il n'en subsiste que le portrait du donateur, un chanoine peint en violet.

LOBIN

Lobin (Julien-Léopold) (1814-1864) est né à Loches. C'était un peintre de talent. Il fit plusieurs voyages en Italie pour se perfectionner dans son art. Ses deux tableaux les plus admirés sont : *le Tasse égaré au milieu des bergers* et un *Portrait de Léonard de Vinci*.

Lobin fonda à Tours une manufacture de vitraux peints qu'il sut élever à un très haut degré de prospérité. Ses produits, qui jouissent d'une réputation européenne, ornent un grand nombre d'églises et de maisons particulières. Son fils dirige aujourd'hui son établissement, avec un succès croissant.

5. — CÉRAMIQUE

AVISSEAU

Avisseau (Charles-Jean) (1796-1861) est né à Tours. Sur bien des points il ressemble à Bernard Palissy, ce grand artiste qui a été son modèle. — L'un et l'autre ont produit des œuvres admirables et ne sont arrivés à la célébrité qu'à force de travail et de persévérance.

Les débuts du grand potier tourangeau ont été pénibles ; son père, simple ouvrier tailleur de pierres, lui apprit son métier. Mais Avisseau avait un goût prononcé pour le dessin ; le soir, après son travail, il dessinait fort avant dans la nuit, avec des crayons d'argile de couleur. Bientôt, sa vocation l'emporta et il entra dans une fabrique de faïence à Beaumont (Eure-et-Loir). Une poterie de Bernard Palissy, qui lui fut montrée, excita son enthousiasme et éveilla son génie. A partir de cette date, il travailla sans relâche à imiter les œuvres de ce grand maître. S'étant établi à Tours, en 1848, il fit des poteries remarquables, sans cependant arriver à la fortune. Artiste consciencieux et laborieux, il recommençait souvent le même travail, brisant sans se décourager les produits qui ne répondaient pas à son goût, avant d'arriver à leur donner une forme définitive. Avisseau eut bientôt une réputation aussi grande que méritée. Il a doté sa ville natale d'une industrie florissante qu'exploite aujourd'hui son fils, dans une rue de Tours qui porte son nom.

6. — MUSICIENS (1)

OUVRARD

Ouvrard René, né à Chinon en 1624, fut maître de chapelle à Bordeaux, à Narbonne et à Paris. Il a publié un ouvrage intitulé : *Secret pour composer en musique par un art nouveau.* Ce traité de composition musicale était estimé de ses contemporains.

Ouvrard est mort chanoine à Tours où il a publié plusieurs ouvrages de controverse religieuse.

III. — DROIT. LÉGISLATION

GEOFFROY II

Geoffroy II, baron de Preuilly et seigneur de la Roche-Posay, est né au château de Preuilly, au commencement du onzième siècle. On le considère comme le législateur des tournois. Ces jeux militaires existaient certainement avant lui; mais c'est lui qui, le premier, en a fixé les règles.

C'est au code de Geoffroy II, seigneur de Touraine, qu'est dû le nom de tournois qui leur fut donné; on disait jeux tournois, puis seulement tournois, comme on disait aussi livre tournois.

PALLU

Pallu (Etienne), né à Tours (1588-1670), a été avocat au présidial de Tours et maire de cette ville. Il a publié un ouvrage de droit très estimé sur *la Coutume de l'ancien duché de Touraine.*

PROUSTEAU

Prousteau (Guillaume) (1636-1715) naquit à Tours. Ses études terminées, il obtint une chaire de droit à l'université d'Orléans.

Il possédait la bibliothèque d'Hadrien de Valois qu'il

---

(1) Suivant quelques-uns, le musicien *Lambert* (Michel) serait né, non à Vivonne (Vienne), mais à Champigny-sur-Veude.

augmenta de nombreux ouvrages et dont il fit don à la ville d'Orléans. C'est l'origine de la bibliothèque publique de cette ville, bibliothèque qui a été longtemps considérée comme l'une des plus riches de France.

AUGEARD

Augeard (Mathieu) (1673-1751) est né à Tours. Il a été sous Louis XV secrétaire de M. Chauvelin, garde des sceaux. On lui doit un ouvrage très apprécié des hommes de loi : *Arrêts notables des différents tribunaux du royaume sur plusieurs points de droit écrit, de coutume et de droit public.*

MOREAU

Moreau (Christophe) (1799-1881), né à Sainte-Maure, fut avocat à Loches, puis inspecteur des prisons. Le gouvernement le chargea d'étudier à l'étranger le système pénitentiaire des différents peuples. De retour en France, il a consigné le fruit de ses observations dans un ouvrage sur *la Réforme des Prisons*. Il a publié aussi un autre ouvrage intitulé : *Du problème de la Misère et de sa solution chez les différents peuples anciens et modernes.*

IV. — POLITIQUE. ADMINISTRATION

FROMONT

Fromont vivait au treizième siècle. Il joua un rôle très actif dans l'établissement des franchises municipales des communes de Châteauneuf et de Saint-Pierre le-Puellier, aujourd'hui englobées dans la ville de Tours. Dans ce but, il lutta avec énergie contre les privilèges exorbitants des chanoines de Saint-Martin. Louis VII finit par s'interposer et accorda aux bourgeois de Tours une charte de liberté.

LA BROSSE

Pierre de La Brosse, ou mieux Pierre de Brosse, naquit en Touraine d'un sergent à masse de saint Louis.
Il fut chirurgien-barbier, puis favori de Philippe III,

qui le nomma son grand chambellan. Sa haute position lui attira des envieux, qui l'accusèrent d'intrigues avec le roi de Castille, alors en guerre avec la France. De plus, il avait eu l'imprudence d'insinuer que la mort de Louise de France pouvait être attribuée à Marie de Brabant, seconde femme du roi. Sa perte fut décidée, et il fut pendu au gibet de Montfaucon (1276).

BRIÇONNET

La famille Briçonnet est une des plus illustres de la Touraine. Plusieurs de ses membres ont occupé de hautes situations dans l'Etat.

Briçonnet (Jean), né à Tours en 1420, fut le premier maire de cette ville. C'était un riche bourgeois très estimé et très aimé de ses compatriotes.

Son fils, *Briçonnet Guillaume*, appelé habituellement l'évêque de Narbonne, joua un rôle important sous Charles VIII et sous Louis XII. Il épousa la sœur de Semblançay, mais il devint veuf après quelques années de mariage et entra dans les ordres. Charles VIII en fit son surintendant des finances et le nomma aux évêchés de Reims et de Narbonne.

C'était un homme de talent, mais ambitieux et sans scrupule. Il conseilla à Charles VIII la funeste expédition de Naples et accompagna ce prince en Italie. En passant à Rome, le pape Alexandre VI lui donna le chapeau de cardinal.

Sous Louis XII, Georges d'Amboise le remplaça dans les conseils du gouvernement ; cependant, il fut chargé par lui de réunir à Pise un concile qui avait pour mission d'aviser aux mesures propres à réformer les mœurs du chef et des membres de l'Eglise. C'était au plus fort de la lutte entre le roi de France et Jules II. Le pape l'excommunia, mais il fut absous depuis par Léon X.

Un de ses fils, *Guillaume Briçonnet*, fut grand aumônier de France et évêque de Meaux. C'était un ami et un protecteur des savants. Son esprit de charité et de tolérance le fit même soupçonner d'hérésie.

PONCHER

Poncher (Etienne de) (1446-1524), chanoine de Saint-Martin, fut conseiller au Parlement de Paris et garde des sceaux de France, sous Louis XII. Il accompagna ce prince en Italie, pendant les expéditions du Milanais et de Naples, et s'opposa, mais inutilement, à la ligue de Cambrai. Sous François Ier, il fut ambassadeur auprès de la cour d'Espagne (1518), puis auprès de celle d'Angleterre (1518).

Ses contemporains louent sa droiture, sa fermeté et son éloquence.

Son neveu, *François de Poncher*, fut évêque de Paris. Il avait du talent; mais, ayant intrigué avec la cour d'Espagne pour enlever la régence à Louise de Savoie, mère de François Ier, pendant la captivité de ce prince à Madrid, il fut enfermé à Vincennes, où il mourut.

Le village de Poncher ou Pontcher, près de Tours, porte le nom de cette famille.

GEORGES D'AMBOISE

Georges d'Amboise (1460-1510) naquit à Chaumont, de Pierre d'Amboise et d'Anne de Bueil. C'était le plus jeune de ses neuf frères et celui qui allait être appelé à la plus brillante fortune.

Évêque de Montauban à quatorze ans, il fut attaché à la cour de Louis XI en qualité d'aumônier. Sous Charles VIII, le duc d'Orléans, dont il devait rester l'ami et le conseiller, ayant obtenu le gouvernement de la Normandie, le fit nommer à l'archevêché de Rouen (1494). Quand ce prince devint roi de France, sous le nom de Louis XII, Georges d'Amboise fit annuler par le pape son mariage avec Jeanne de France, ce qui rendit possible l'union du roi avec Anne de Bretagne et la réunion définitive de cette importante province au domaine de la couronne. En récompense de ses services, il reçut le chapeau de cardinal que vint lui apporter le fils même du pape, César Borgia.

Georges d'Amboise était alors tout puissant; il fut même sur le point d'être élu pape. A la mort d'Alexandre VI, l'armée française était aux portes de Rome. Le conclave paraissait disposé à seconder la politique du roi de France et à donner satisfaction à l'ambition de son ministre; seulement, il demandait l'éloignement des troupes étrangères pour que ses décisions parussent plus libres. Mais, les troupes parties, l'influence de Julien de la Rovère l'emporta, et Georges d'Amboise ne fut pas élu.

Sa politique étrangère ne fut pas toujours heureuse ; on lui reproche d'avoir favorisé l'expédition d'Italie, celle de Naples plus particulièrement. Les traités de Blois (1504) qui préparaient le démembrement de la France par le mariage de Claude de France avec Charles d'Autriche, depuis Charles-Quint, pèsent surtout sur sa mémoire ; mais ces traités furent plutôt l'œuvre de la reine Anne à qui le roi ne savait rien refuser, que celle de son premier ministre.

Si sa politique étrangère peut être critiquée, son administration intérieure ne mérite que des éloges ; il s'appliqua à faire régner l'ordre dans l'Etat, à diminuer les impôts et à favoriser le commerce et l'agriculture. Aussi le peuple, dans sa reconnaissance, l'associait-il à l'amour qu'il portait à son roi et lui donnait-il aussi, comme à ce prince, le beau surnom de *Père du peuple*.

Georges d'Amboise mourut à Lyon (1510) d'un accès de goutte, en revenant de châtier une révolte des Génois. Louis XII lui fit de superbes funérailles.

BEAUNE

Beaune (Jacques de), baron de Semblançay, naquit à Tours, en 1445. Il fut maire de cette ville en 1498. Plus tard, François Ier le nomma surintendant des finances (1516). Semblançay a connu toutes les extrémités de la fortune. Sur les instances de la reine-mère, Louise de Savoie, il prêta à cette princesse l'argent destiné à solder les troupes de Lautrec, qui opérait en Italie. Louise de Savoie fit voler ses reçus au surintendant et l'accusa de concussion (1).

Disgracié, il se retira dans sa terre de la Carte, près de Ballan.

Plus tard, le roi lui demanda de lui avancer l'argent nécessaire pour faire une deuxième expédition en Italie. Semblançay établit que le Trésor lui devait 300,000 livres et refusa. Alors, en 1526, Louise de Savoie le fit enfer-

---

(1) On les trouva dans les coffres de la reine-mère après la mort de cette princesse.

mer à la Bastille, et, à la suite d'un procès scandaleux, il fut pendu au gibet de Montfaucon (1527).

C'est entre les mains de son petit-fils, Renaud de Beaune, archevêque de Sens, que Henri IV abjura, en 1593.

BASTARNAY

Bastarnay (Imbert de) est né à Montrésor d'une famille originaire du Dauphiné. Il rendit de grands services à Louis XI, alors que ce prince n'était que Dauphin, et il lui resta fidèle toute sa vie. Aussi ce roi lui confia-t-il plusieurs missions délicates dont il se tira toujours habilement.

Son tombeau se trouve dans l'église de Montrésor(1).

CASTELNAU

Castelnau (Michel de), sieur de la Mauvissière, naquit à Neuvy-le-Roi (1520-1592). Sous le maréchal de Brissac, il défendit le Piémont contre es Impériaux, et, après la défaite de Saint-Quentin, la France contre l'invasion. Le cardinal de Lorraine, qui l'avait en grande estime, le nomma ambassadeur en Angleterre, où il resta dix-sept ans. La reine Elisabeth l'honorait de sa bienveillance.

Il accompagna ensuite Marie Stuart en Ecosse : ses conseils, qui ne furent pas suivis, ne purent sauver cette malheureuse princesse.

De retour en France, il prit parti d'abord pour les catholiques contre les protestants, puis pour l'autorité légitime, représentée par Henri III, contre la Ligue. Henri IV, qui connaissait sa droiture et sa vaillance, rechercha ses services.

Michel de Castelnau a laissé des mémoires très curieux et très intéressants à consulter sur les faits qui se sont passés de 1559 à 1570.

COIFFIER

Coiffier, Antoine de Ruzé, marquis d'Effiat, naquit à Tours, en 1571. Il suivit d'abord la carrière des armes. Nommé, plus tard, ambassadeur en Angleterre, il négocia le mariage d'Henriette de France avec Charles Ier. Il reçut le bâton de maréchal et mourut à Trèves en 1632.

---

(1) Nous rappelons ici que notre roi CHARLES VIII est né et mort au château d'Amboise.

Son fils fut le fameux *Cinq-Mars*, marquis d'Effiat et favori de Louis XIII. On connaît son ambition, ses intrigues avec l'Espagne et sa fin tragique. Richelieu, qui avait la preuve de sa trahison, le fit exécuter à Lyon, en 1642.

BRETEUIL

Breteuil (Auguste le Tonnelier, baron de) (1733-1808), est né à Preuilly. Il fut ambassadeur en Russie, en Suède, en Hollande et en Autriche. Vers 1783, Louis XVI l'appela dans ses conseils avec le titre de ministre d'État.

Le baron de Breteuil se montra opposé aux réformes et à la convocation des États-Généraux. A la chute de Necker, il remplaça ce ministre, et c'est sous son administration qu'eut lieu la prise de la Bastille (14 juillet 1789). A la suite de cet événement, il émigra en Suisse où Louis XVI lui fit parvenir de pleins pouvoirs pour traiter, en son nom, avec les souverains étrangers.

Ses mémoires ont été publiés après sa mort.

GOHIER

Gohier (Jérôme) (1726-1830) est né à Semblançay. Il était avocat à Rennes au moment de la réforme des parlements par le chancelier Maupeou, et se montra l'adversaire résolu de cette mesure impopulaire.

Député de Rennes à l'Assemblée législative, il y combattit le serment civique imposé aux prêtres assermentés, refusant de les considérer comme des fonctionnaires publics. Chargé par l'Assemblée législative, après le 10 août 1792, de faire un rapport sur les papiers trouvés aux Tuileries, il s'acquitta de sa tâche avec modération.

En 1799, il remplaça Treilhard au Directoire. Avec le général Moulins, il représentait l'élément vraiment républicain du gouvernement.

Quand Bonaparte débarqua inopinément à Fréjus, en 1799, à son retour d'Egypte, Gohier présidait le Directoire. Il s'opposa avec énergie au coup d'Etat du 18 brumaire; mais, trahi par ses collègues et surveillé par le général Moreau au Luxembourg, il fut obligé de quitter Paris. Le premier Consul, qui avait en grande estime la franchise de son caractère, lui fit accepter le poste de consul général en Hollande.

Gohier a publié ses mémoires en 1824.

NIOCHE

Nioche (Pierre-Claude), né en 1751 à Azay-le-Ferron, a été avocat à Loches, puis lieutenant des eaux et forêts dans cette ville. Ses concitoyens lui confièrent le mandat de député à l'Assemblée Constituante où il soutint une motion contre le duel et une autre contre l'abolition de la peine de mort. Député à la Convention nationale, il vota la mort de Louis XVI. Ses collègues l'envoyèrent en mission à l'armée des Alpes, puis en Indre-et-Loire, pour y activer la fabrication des poudres et salpêtres. La Restauration le condamna à l'exil comme régicide. Il se rendit alors à Bruxelles, où il mourut.

GIRAUDEAU

Giraudeau (Etienne-Louis) naquit à Tours, en 1776. Il fut président du tribunal de commerce de cette ville, dont il était maire quand éclata la Révolution de 1830. Des groupes menaçants s'étaient réunis sur la place de l'hôtel de ville pour enlever le drapeau blanc de la mairie. Giraudeau leur arrache des mains cet emblème du gouvernement déchu qu'il va mettre ensuite lui-même en sûreté à la préfecture, au milieu d'une population hostile, mais pleine d'admiration pour ce trait de courage et de fidélité.

GOUIN

Gouin (Alexandre) est né à Tours, en 1792. Il fit ses études à Pont-Levoy ; à dix-huit ans il se livra au négoce et dirigea avec habileté une des plus anciennes maisons de commerce de Tours. Ses compatriotes le nommèrent président du tribunal de commerce, puis député d'Indre-et-Loire (1831). M. Thiers lui confia le ministère des finances (1840) et il eut l'honneur de faire adopter la loi sur le travail des enfants dans les manufactures. Elu député à la Constituante (1848), puis à la Législative, il fut membre de nombreuses commissions qu'il présida souvent ; il avait une compétence spéciale dans les questions de finances. On lui doit un ouvrage intitulé : *Quelques réflexions à l'occasion d'un impôt sur les valeurs mobilières.*

V. — MILITAIRES ET MARINS

1. — MILITAIRES

RENAUD DE PRESSIGNY

Renaud de Pressigny était maréchal de France sous saint Louis. Il accompagna ce prince sous les murs de Tunis. Les Sarrazins ayant attaqué le camp français à l'improviste, Renaud voulut les repousser et fut tué (1270).

JEAN Ier LE MEINGRE, dit BOUCICAUT

Jean Ier le Meingre, dit Boucicaut, naquit à Tours, vers 1310.

Ce fut un des chevaliers les plus célèbres de son temps. Quand il vint offrir ses services à Philippe VI de Valois, les courtisans l'appelèrent Boucicaut, surnom qu'il devait illustrer ainsi que son fils et qui, dans la langue de l'époque, signifiait mercenaire. Aussi habile dans les négociations que brave sur les champs de bataille, il prit une part active à la guerre de Cent ans, avec Duguesclin et son compatriote Jean de Saintré. Ensemble ils prirent Mantes, Meulan et battirent les Anglo-Navarrais à Cocherel (1364). Il fut l'un des signataires des traités de Brétigny (1360) et de Guérande (1365), et mourut à Dijon, en 1372.

JEAN II LE MEINGRE DE BOUCICAUT

Son fils, Jean II le Meingre de Boucicaut, eut une vie très agitée.

Tout jeune encore il assista à la bataille de Rosebecke (1382). On raconte qu'au milieu de l'action, un Flamand de haute taille, prenant sa jeunesse en pitié, fit tomber sa hache en la frappant avec le manche de la sienne, et en disant : « Va téter ». Boucicaut prit sa dague et perça le colosse au défaut de la cuirasse, en disant: « Les enfants de ton pays jouent-ils à de tels eux ? »

Charles VI vint lui-même à Tours lui conférer, à l'âge de 25 ans, la dignité de maréchal de France. Nous le trouvons ensuite sur tous les champs de bataille de l'Europe, à Kœnigsberg, comme allié des chevaliers teutoniques ; en France, contre les Anglais, pendant la désastreuse guerre de Cent ans ; à Nicopolis (1395), où il fut fait prisonnier par Bajazet ; rendu à la liberté moyennant une forte rançon, nous le retrouvons à Constantinople concourant à la défense de cette ville contre les Turcs, avec un secours de 1,200 Français qu'il avait conduit à Michel Paléologue, puis à Gênes, qu'il administre pour le compte du roi, et en Normandie, dont il est le gouverneur. Il occupait ces fonctions quand eut lieu la reprise de la guerre contre les Anglais. A la funeste bataille d'Azincourt, livrée malgré ses conseils (1415), il fut fait prisonnier et emmené en Angleterre, où il mourut (1421). Son corps a été ramené à Tours. Comme Charles de Valois, duc d'Orléans, son compagnon d'exil, Boucicaut charmait les ennuis de sa captivité par la poésie. Ce fut un poète aimable.

SAINTRÉ

Saintré (Jean de) (1320-1368) est né en Touraine. Page du dauphin Jean de Normandie, depuis Jean II, dit le Bon, il fut ensuite sénéchal d'Anjou et gouverneur de la Touraine. A la bataille de Poitiers, malgré des prodiges de valeur, il est blessé grièvement et fait prisonnier (1356). Avec son compatriote Boucicaut et avec Bertrand Duguesclin il gagne la bataille de Cocherel (1364) et contribue à chasser les Anglais de France. C'était un des plus braves chevaliers de son temps. Les hérauts d'armes avaient coutume de dire :

> Quand ce vient à un assault,
> Mieux vaut Saintré que Boucicaut ;
> Et quand ce vient à un traité,
> Mieux vaut Boucicaut que Saintré.

Dans la chronique du petit Jean de Saintré, l'auteur a mêlé le merveilleux aux faits historiques sans qu'il soit possible de distinguer ce qui appartient au roman de ce qui appartient à l'histoire ; mais Froissard nous le peint sous des couleurs beaucoup plus exactes et nous le représente comme un homme de guerre vraiment remarquable.

THAIX (DE)

Thaix (Jean de) (1490), naquit au château de Thaix, à Sorigny. Il prit part aux guerres de François Iᵉʳ contre Charles-Quint. Pendant la campagne de Pavie, il leva une compagnie italienne à ses frais. François Iᵉʳ le nomma capitaine des vieilles bandes. A la bataille de Cérisoles (1544), il commandait l'infanterie ; et il devint ensuite colonel général de cette arme. Le roi le rappela d'Italie pour repousser les Impériaux qui, unis aux Anglais, envahissaient le nord de la France. A la mort de Genouillac, il devint grand-maître de l'artillerie.

On a peine à croire aujourd'hui qu'avec de tels titres à la reconnaissance du roi et de la nation, de Thaix ait été victime, sous Henri II, d'une misérable intrigue de cour. Etant tombé en disgrâce, ce vaillant serviteur de l'Etat se retira dans sa terre de Sorigny.

Antoine de Bourbon, qui connaissait sa valeur et son mérite, vint le tirer de sa retraite et l'emmena au siège d'Hesdin. C'est là qu'il mourut, dans la tranchée, les armes à la main (1553).

HAREMBURG

Haremburg (Louis-François-Alexandre, baron d') (1742-1828) naquit à Preuilly.

A l'époque de la Révolution, il était général de brigade et faisait partie, en cette qualité, des armées du Haut-Rhin et du Bas-Rhin (1792). Accusé d'avoir entretenu des intelligences avec l'ennemi, il fut traduit devant un conseil d'enquête et sauva sa vie en promettant de verser son sang pour la République. Mis à la retraite par la Convention, en même temps que les autres officiers nobles de l'armée, il se retira à Tours, où il mourut.

On lui doit un traité de cavalerie et des traités d'équitation.

MENOU

Menou (Jacques-François, baron de) (1750-1810) naquit à Boussay, d'une antique famille de Touraine. L'un de ses ancêtres contribua à la défense d'Orléans avec Jeanne d'Arc, et fut fait grand amiral de France sous Charles VII.

Menou (Jacques), maréchal de camp à trente ans, fut député de la Noblesse aux Etats-Généraux de 1789. Il embrassa avec enthousiasme les idées de la Révolution et servit en Vendée avec le grade de général de division. Chargé du commandement de l'armée de l'intérieur, il dissipa une émeute au faubourg Saint-Antoine, le 2 prairial, an III. Il fut moins heureux le 13 vendémiaire, an IV. — On l'accusa même, mais à tort, d'avoir pactisé avec les insurgés. Il fit partie de l'expédition d'Egypte (1798); à la mort de Kléber, assassiné dans les jardins du Caire, il fut même chargé, en qualité de plus ancien divisionnaire, du commandement en chef de l'armée. Nos troupes étaient dans le dénûment le plus complet et la résistance était difficile. Aussi Menou fut-il obligé de signer la capitulation d'El-Arish (1801) par laquelle l'armée française devait être rapatriée avec armes et bagages.

Napoléon, qui appréciait son dévouement, lui confia le gouvernement du Piémont; il fit partie du Tribunat et mourut à Venise, en 1810.

Menou aimait le faste et la représentation. Ayant épousé une Egyptienne, à Rosette, pendant son séjour dans cette ville, il aimait à paraître avec les vêtements somptueux de l'Orient et à se faire appeler Abdallah.

Sur le champ de bataille, il avait la bravoure d'un soldat, mais il manquait de décision et de caractère. Il lui manquait également l'application au travail, la suite dans les idées et le talent d'organisation d'un vrai chef d'armée. Aussi fut-il rarement à la hauteur des hautes situations qu'il a occupées.

MEUSNIER DE LA PLACE

Meusnier de la Place (Jean-Baptiste-Marie-Charles) (1754-1793) naquit à Tours, d'une famille de magistrats. Il montra, jeune encore, de grandes dispositions pour l'étude. A l'école des ingénieurs militaires de Paris, il devint le professeur de ses camarades, et il fut admis, à dix-huit ans, à l'école d'application de Mézières, où il connut Monge. A sa sortie de cette école, il fut employé aux travaux de fortifications de Cherbourg. Il consacrait à l'étude des sciences tous les loisirs que lui laissaient ses occupations professionnelles; on lui doit l'invention du gazomètre qui permit de vulgariser les belles découvertes de Lavoisier sur la décomposition de l'eau. En 1784, l'Académie des sciences le reçut dans son sein. Ses travaux sur l'aérostation sont remarquables. Il avait imaginé, d'après Monge, un appareil composé de deux ballons oblongs sur lequel il pensait pouvoir faire de longs voyages. Le manque de ressources ne lui permit pas de réaliser ses belles inventions. Quand la patrie fut menacée par l'invasion, il quitta ses chères études pour remplir ses devoirs de citoyen.

Meusnier était lieutenant-colonel du génie au début de la Révolution. Nous le trouvons, en 1792, à l'armée du Rhin. On raconte que, chargé de la défense de Kœnigstein, les parlementaires ennemis le somment de rendre la place. Il réunit ses soldats en leur présence : « Camarades, leur dit-il, on nous demande de nous » rendre; si vous restez inébranlables, nous défendrons » Kœnigstein tant que l'un de nous conservera la vie; » mais si, contre mon attente, je vous trouvais faibles, » parlez; ce moment serait le dernier de ma vie. » Et, en même temps, il leur montre deux pistolets qu'il appuie contre sa poitrine. « Vaincre ou mourir »! s'écrie la garnison. Puis, se tournant vers les parlementaires ennemis : « Allez dire à votre prince ce que vous venez » de voir et d'entendre. » L'absence de vivres l'obligea cependant à rendre la place après une courageuse résistance.

Echangé contre des prisonniers, nous le retrouvons l'année suivante au siège de Mayence. L'un des premiers, il recommande l'emploi des forts détachés autour des places de guerre. Il défendait le fort de Cassel contre les alliés, quand il eut les deux cuisses emportées par un boulet. On rapporte qu'à la nouvelle de sa mort, les deux armées suspendirent les hostilités en son honneur et que le roi de Prusse aurait alors prononcé ces paroles mémorables : « Il m'a fait beaucoup de mal, mais la France n'a pas produit un plus grand homme. »

MARESCOT

Marescot (Armand) (1758-1832) est né à Tours. En 1792, il était officier du génie et servait à l'armée du Nord sous Dumouriez. Après la bataille de Nerwinde (1793), il refusa de favoriser les plans politiques du général en chef et se retira à Lille, qu'il contribua à mettre en état de défense.

Sa carrière militaire est très remplie; en 1793, nous le voyons à Toulon aidant Bonaparte à reprendre cette ville aux Anglais; en 1794, il défend Maubeuge, contribue au gain de la bataille de Fleurus et prend Maëstricht. A la suite de ces éclatants services, il reçoit le grade de général de division.

Il se signala également aux armées du Rhin, en 1797 et en 1798. Après le 18 brumaire, Bonaparte le nomma inspecteur général du génie. C'est en cette qualité qu'il prit part à la guerre d'Allemagne et à la bataille d'Austerlitz (1805).

Marescot, en 1808, fut chargé d'inspecter les places occupées par nos soldats en Espagne. De passage à l'armée du général Dupont, il eut la douleur d'assister à la capitulation de Baylen (1808). Bonaparte, furieux, le destitua et l'exila à Tours. La Restauration lui restitua ses grades et ses dignités et le fit pair de France.

Il a publié un traité des sièges mémorables faits en Europe depuis 1792.

BEAUMONT

Beaumont (Marc-Antoine, comte de) (1760-1830), naquit à Beaumont-la-Ronce. D'abord page de Louis XVI, il devint colonel de dragons en 1792. Le tribunal révolutionnaire de Lyon le condamna à mort ; mais son régiment tout entier réclama sa mise en liberté, qui fut accordée, d'ailleurs, par les représentants du peuple. Il prit part aux campagnes d'Italie sous Bonaparte, Masséna et Schérer, et y gagna les épaulettes de général de division. Il montra un grand courage aux batailles d'Ulm, d'Austerlitz et de Wagram.

PILLET

Pillet (René-Martin) (1762-1815) est né à Tours. Aide-de-camp du général La Fayette, il partagea sa fuite et sa captivité (1792). Traité en émigré, il ne put rentrer en France que sous le Directoire. Il reprit alors du service et arriva au grade de général de brigade. Laissé pour mort pendant la guerre d'Espagne (1808), et fait prisonnier par les Anglais, il subit une dure captivité sur les pontons de Londres ; il mourut, en 1815, des suites des maladies qu'il y avait contractées. Il a publié un ouvrage sur les vices de la société anglaise, intitulé : *L'Angleterre vue à Londres et dans ses provinces.*

2. — MARINS CÉLÈBRES

RAZILLY

Razilly (Claude Delaunay de) naquit en Touraine vers 1590.

Capitaine de vaisseau, puis vice-amiral, il prit une part active au siège de La Rochelle (1627). Dans un combat contre la flotte anglaise, son vaisseau s'attacha à un vaisseau ennemi et le fit prisonnier.

Il parvint, par son courage, à ravitailler Saint-Martin-de-Ré, étroitement bloqué par les Anglais : il trompa la surveillance des ennemis et ne rendit son navire criblé de coups et désemparé qu'après avoir rempli sa mission. On ignore la date de sa mort.

Son fils et son petit-fils ont été lieutenants-gouverneurs de la Touraine.

POINTIS

Pointis (Jean-Bernard de Saint-Jean, baron de), (1645-1707), est né à Vouvray.

Entré jeune dans la marine, il passa par tous les grades inférieurs et se distingua dans les expéditions dirigées par Louis XIV contre les Etats Barbaresques (1685).

En 1690, il prit part, sous Tourville, à la bataille gagnée par cet habile marin entre l'île de Wight et le cap Fréhel, contre les flottes alliées de l'Angleterre et de la Hollande.

Nommé chef d'escadre, il s'empara, par un coup d'audace, de Carthagène (Amérique), emportant de vive force les fortifications de la place malgré une énergique défense des Espagnols (1697). Mais ne pouvant se maintenir dans sa conquête, avec des forces insuffisantes, il quitta Carthagène après l'avoir pillée et il réussit à passer, avec sept vaisseaux seulement, à travers la flotte anglaise qui en comptait vingt-sept.

Pendant la guerre de la succession d'Espagne, il fut chargé, contre son gré, du siège de Gibraltar (1705). Cette expédition ne fut pas heureuse ; malgré son courage et son talent, une partie de sa flotte fut brûlée ; l'autre échoua sur le rivage ; à la suite de cette expédition, il se retira du service et mourut dans sa terre de Noyers, en 1707.

Il a écrit une relation de l'expédition de Carthagène.

VI. — MATHÉMATICIENS

LAMÉ

Lamé (Gabriel) naquit à Tours en 1795. Il fit de brillantes études à l'Ecole polytechnique et à l'Ecole des Mines. Ses études terminées, il accepta des fonctions d'enseignement dans une grande école de Saint-Pétersbourg ; mais, s'étant brouillé avec le gouvernement russe, il revint en France et fut nommé professeur à l'Ecole polytechnique.

Il a fait paraître plusieurs ouvrages de sciences estimés, et, entre autres, un *Traité de Physique* et des *Leçons sur la théorie de l'Elasticité des corps*.

MONDEUX

Mondeux (Henri), né de parents pauvres (1826), au village de la Bluttière, près de Neuvy-le-Roi, eut son heure de célébrité.

A l'âge de dix ans, il donnait, comme en se jouant, la solution de problèmes difficiles qu'on ne peut résoudre habituellement qu'à l'aide de l'algèbre. A l'âge de quatorze ans, il fut présenté à l'Académie des sciences qui put constater sa singulière facilité de calcul.

Il parcourut ensuite la France, vivant du produit des

séances qu'il donnait sur son passage et dans lesquelles il faisait montre de son talent de calculateur.

Il mourut en 1862.

VII. — ARTS MÉCANIQUES

1. — IMPRIMERIE

JEANSON

Jeanson (Nicolas) naquit en Touraine dans les premières années du quinzième siècle ; il fut nommé par Charles VII graveur du roi et directeur des monnaies à Tours. Il fut, dit-on, envoyé à Mayence pour prendre connaissance de l'art de Guttemberg. Revenu à Tours, il essaya d'y établir une imprimerie, sans réussir dans cette entreprise. Alors, il alla se fixer à Venise et y fonda un établissement typographique qui devint célèbre. Il y a édité, de 1470 à 1480, un grand nombre d'ouvrages dont les éditions sont très recherchées aujourd'hui. C'est à lui que l'on doit l'invention des caractères romains universellement employés aujourd'hui.

PLANTIN

Plantin (Christophe) (1514-1589) naquit à Montlouis (1). Il parcourut l'Europe pour en visiter les principaux établissements typographiques et essaya de se fixer à Paris ; n'ayant pas réussi dans cette ville, il vint s'établir à Anvers, où il réalisa une brillante fortune. Sa maison, qui ressemblait à un palais, renfermait plus de quarante presses. Il fit faire de grands progrès à l'art de l'imprimerie. « C'est dans l'officine de Plantin que » la gravure en creux se perfectionna au point de décider » les autres imprimeurs de livres illustrés à abandonner » la gravure sur bois, beaucoup moins nette et moins » fine. » (2). Aucune œuvre ne sortait de ses presses sans que les épreuves en eussent été publiquement exposées comme faisaient d'ailleurs les autres imprimeurs

---

(1) Quelques auteurs le font naître à Saint-Avertin.
(2) Lemas. — *Lectures des Ecoliers ; Notre Département.*

célèbres de cette époque, les Etienne et les Alde Manuce. Deux succursales de son établissement avaient été créées par lui à Leyde et à Paris et confiées à ses gendres.

Plantin fut nommé imprimeur du roi Philippe II, qui le chargea de la réimpression de la Bible polyglotte, son chef-d'œuvre. C'était en même temps un érudit. Il a publié le *Trésor de la Langue allemande* et des dialogues français-flamands. Sa marque de fabrique était une main tenant un compas, avec ces mots : *Labore et constantia.*

MAME

Mame (Armand) fonda une imprimerie à Tours, vers la fin du dix-huitième siècle. En 1830, il s'associa son neveu, M. ERNEST MAME. M. ALFRED MAME, en 1833, prit la direction de la maison, qu'il transforma en l'agrandissant. Son fils a fait comme lui et aujourd'hui l'imprimerie Mame, qui emploie 1,200 ouvriers, est une des plus considérables de France et même d'Europe.

La famille Mame s'est fait aimer à Tours par sa bienfaisance. Ses ouvriers malades, leurs femmes et leurs enfants reçoivent de nombreux secours. Elle a organisé en leur faveur des caisses de retraite pour la vieillesse et construit des cités ouvrières.

2. — HORLOGERIE

LEROY

Leroy (Julien) (1686-1759) naquit à Tours. Son père, qui était horloger, lui apprit son art, puis l'envoya à Paris pour s'y perfectionner. Le jeune Leroy s'y établit et acquit une grande renommée. A cette époque, les Anglais l'emportaient sur nous en Europe pour tous les produits de cette industrie. Grâce à Leroy, ils perdirent ce monopole. Il imagina de fixer l'huile sur le pivot des roues pour en diminuer le frottement et l'usure ; il inventa le pendule compensateur destiné à régulariser les effets du chaud et du froid sur la longueur du balancier. Aussi, Voltaire put-il dire un jour à son fils : « Monsieur le maréchal de Saxe et monsieur votre père ont triomphé des Anglais. »

Leroy fut nommé horloger du roi et reçut un logement au Louvre. Il eut plusieurs enfants qui héritèrent de son habileté et de sa réputation.

L'un d'eux, *Pierre Leroy*, continua son œuvre et perfectionna les montres marines. *Charles* et *Jean-Baptiste Leroy* furent des physiciens distingués.

3. — INDUSTRIE DES TISSUS

PAPION

Papion (Pierre-Antoine-Claude) (1713-1787) naquit à Tours. Il succéda à son beau-père dans la direction d'une importante manufacture de damas et de velours. La fabrication du tissu et l'élégance du dessin furent portées par lui à un haut degré de perfection et il contribua à développer, dans sa ville natale, une industrie importante qui a longtemps fait sa richesse et sa prospérité.

« En 1747, un intendant du commerce, Fagou, créa à Tours une manufacture royale de damas de Gênes, qui disparut en 1790. Mais l'art de tisser et de brocher la soie s'y est maintenu et y occupe encore un certain nombre d'ouvriers. » (1).

4. — TRAVAUX PUBLICS

LAMBLARDIE

Lamblardie (Jacques-Élie) (1747-1797) est né à Loches. L'un de ses frères, qui était ecclésiastique, prit soin de sa première enfance et le fit entrer à Sainte-Barbe; mais, dans cette école, il s'occupait de mathématiques plutôt que de théologie. Il en fut chassé pour une faute légère et ne savait plus que devenir quand un de ses amis, élève de l'école des Ponts-et-Chaussées, le présenta au directeur de cette école, le célèbre Perronnet, qui l'admit à ses cours.

---

(1) *Lectures courantes des Écoliers français ; Notre Département*, par Caumont et Lemas.

Lamblardie fit là de brillantes études; à sa sortie, il fut attaché au port de Dieppe et à celui du Tréport où il fit exécuter d'importants travaux pour les protéger contre l'accumulation des galets, puis au port du Havre où il fit construire un remarquable pont à bascule sur l'écluse qui sépare les deux bassins.

Ces travaux le signalèrent à l'attention du gouvernement et il fut nommé inspecteur des travaux publics, puis adjoint à Perronnet, dans la direction de l'école des Ponts-et-Chaussées. En 1793, il fut même directeur de l'école centrale des Arts et Manufactures qui devint, en 1795, l'école Polytechnique. On peut donc le considérer comme l'un des fondateurs de cet important établissement scientifique.

On a de lui un *cours d'architecture hydraulique*.

VIII. — SCIENCES

ÉCONOMIE POLITIQUE, GÉOGRAPHIE, AGRONOMIE, HISTOIRE NATURELLE, MÉDECINE

1. — ÉCONOMIE POLITIQUE; PHILANTHROPIE

GRASLIN

Graslin (Jean-Joseph-Louis) (1727-1790), né à Tours, fut fermier-général à Nantes. Il entreprit de rebâtir tout un quartier de cette ville, quartier qui porte aujourd'hui son nom. Les ouvriers l'avaient en grande estime.

Il a fait paraître un ouvrage d'économie politique assez estimé, dédié à la Société d'Agriculture de Tours et intitulé : *Essai analytique sur la richesse et l'impôt*.

MANCEAU

Manceau (François-Georges) est né à Loches en 1805. Chanoine de la cathédrale de Tours, il se fit aimer des habitants de cette ville par sa bonté et sa charité inépuisable envers les pauvres et les malades. Il y a fondé, dans une rue qui porte aujourd'hui son nom, un orphelinat de garçons.

2. — GÉOGRAPHIE

DENIS

Denis (Nicolas), né à Tours, au commencement du xvııe siècle, fut gouverneur du Canada où il a séjourné pendant plus de quarante ans. Il a publié un ouvrage intéressant sur cette contrée appelée alors Nouvelle-France, et que l'impéritie du gouvernement de Louis XV devait nous faire perdre, au xvıııe siècle.

L'un des premiers, il fit connaître à ses compatriotes l'importance de la pêche à la morue à Terre-Neuve; grâce à son initiative, un grand nombre de marins français se sont livrés chaque année, depuis le xvııe siècle, à cette industrie qui a été pour eux une source de richesses.

SOUCHU DE RAINEFORT

Souchu de Rainefort, né à Tours (1625), a été longtemps secrétaire de la Compagnie des Indes. Il séjourna pendant plus de vingt ans dans l'Hindoustan et dans l'île de Madagascar. On lui doit plusieurs récits de ses voyages. Ces récits sont intéressants en ce qu'ils nous font connaître les essais de colonisation tentés par la France aux Indes orientales, pendant le xvııe siècle.

PIDOU

Pidou (François) est né en Touraine, en 1640. Il était gentilhomme ordinaire de la maison du roi, qui le chargea de missions importantes à Gênes, en Espagne et au Maroc. Il publia sur cette dernière contrée, encore si peu connue aujourd'hui, malgré son voisinage de l'Europe, un ouvrage intéressant, très goûté de ses contemporains.

3. — SCIENCES PHYSIQUES ET NATURELLES

FORTIN

Fortin (François) (1592-1621), dit le Solitaire inventif, est né à Tours. C'était un religieux de l'ordre de Grammont. Il consacra tous ses loisirs à observer les mœurs des oiseaux.

Ses observations sur leurs nids, leurs chants et leur manière de se nourrir, ont été réunies en un livre intéressant, mais dont le style est peu soigné, intitulé : *les Ruses innocentes*.

DIARD

Diard (Pierre-Médard) (1794-1863) est né au château de la Brosse, commune de Chenusson (aujourd'hui réunie à Saint-Laurent-en-Gâtines). Il prit part aux campagnes de 1813 et de 1814. Après la guerre, il étudia la médecine et, en 1817, il partit pour Chandernagor, où il fonda un jardin botanique sur le modèle de celui de Paris. Plus tard, il explora la Cochinchine et vint enfin se fixer à Batavia, la capitale des Indes néerlandaises. Le gouvernement Hollandais, appréciant son mérite, le nomma directeur général des cultures de l'île de Java qu'il éleva à un haut degré de prospérité. Il est mort dans cette île, en 1863, décoré du Lion néerlandais et de la croix de la Légion d'honneur.

DUJARDIN

Dujardin (Félix) (1801-1860) est né à Tours, où son père était horloger. Il chercha assez longtemps sa voie. Cependant l'étude des sciences physiques et naturelles l'attirait d'une manière toute spéciale, et, en 1833, il publia une flore du département d'Indre-et-Loire. En 1834, il se rendit à Paris, où il se livra sans réserve à sa science favorite, l'histoire naturelle. Il s'y fit bientôt remarquer du monde savant par ses découvertes sur les rhizopodes, les infusoires et les helminthes. On lui doit également un traité de *l'Observateur au microscope*. L'Université lui avait confié la chaire de zoologie à la faculté des sciences de Rennes. Il mourut dans cette ville, en 1860.

4. — AGRONOMIE

BOUGRIER DE LA BERGERIE

Bougrier de la Bergerie (1759-1836), né à Bourgueil, a été l'historien de l'agriculture. Il a consigné le fruit de ses recherches dans plusieurs ouvrages intitulés : *Histoire de l'agriculture française et de l'agriculture chez les Grecs et les Romains*.

ODART

Odart (Alexandre-Pierre, comte) (1778-1866) est né en Touraine, au château de Prézeaux. Ayant terminé ses études à l'école Polytechnique, il se consacra à l'agronomie. Le gouvernement le chargea d'étudier en Hongrie les célèbres vignobles de Tokay. A son retour, il réunit au château de la Dorée (Esvres) les meilleurs cépages de la France et de l'étranger, et ses essais d'acclimatation rendirent un réel service à la viticulture française. Il publia un ouvrage intitulé : *Ampélographie universelle ou description des cépages les plus estimés* (1841). Le comte Odart était chevalier de la Légion d'honneur.

BARILLET

Barillet (Jean-Pierre) (1824-1875) naquit à Saint-Antoine-du-Rocher. Il montra de bonne heure de grandes dispositions pour l'horticulture. Le directeur de la colonie de Mettray, M. Demetz, l'engagea à se perfectionner dans sa profession et à suivre les cours du Jardin des Plantes de Paris. Barillet suivit ce conseil et revint à Mettray à la fin de ses études. Il y organisa une école d'horticulture qui rendit de grands services dans notre région.

Plus tard, il fut nommé jardinier en chef de la ville de Paris et il dirigea, en cette qualité, les embellissements des Champs-Elysées, de Vincennes et des autres jardins ou parcs de la capitale.

En 1873, le vice-roi d'Egypte le chargea d'importants travaux dans la vallée du Nil. Il mourut avant d'avoir pu exécuter les plans qu'il avait conçus.

5. — MÉDECINE

ADAM FUMÉE

Adam Fumée (1430-1494), seigneur de Génillé et de Saint-Quentin, naquit à Tours. Il étudia la médecine à Montpellier et devint premier médecin de Charles VII, puis de Louis XI qui le nomma, de plus, son garde des sceaux.

HEURTELOUP

Heurteloup (Nicolas) (1750-1812) naquit à Tours, de parents sans fortune. Son éducation avait été d'abord très négligée ; mais sa constance dans le travail triompha de toutes les difficultés. La chirurgie surtout l'attirait ; il avait été initié aux pratiques de cet art par une sœur de charité de l'hospice de Tours et il s'y perfectionna auprès des médecins de sa ville natale. Ses études terminées, le gouvernement le chargea d'une mission en Corse ; il fut ensuite nommé, sous la Révolution, chirurgien-major à l'hospice de Toulon et aux armées du Midi, chirurgien des armées en 1800, puis, en 1808, inspecteur général du service de santé.

Heurteloup rendit de grands services à nos soldats pendant les campagnes de Prusse et d'Autriche. Ce fut lui qui soigna la blessure reçue par Napoléon à la bataille de Ratisbonne ; à cette occasion il fut fait baron de l'Empire. Après la bataille de Wagram (1809), un médaillon lui fut offert par ses collègues et Napoléon le remercia de son dévouement sur le champ de bataille.

C'était un chirurgien d'un grand talent ; il étonnait ses collaborateurs par sa hardiesse, son sang-froid et son habileté professionnelle. On a de lui un traité *sur le tétanos et une traduction de Scarpa sur l'anévrisme*.

Son fils *Charles-Louis-Stanislas* fut aussi un chirurgien renommé. Il a attaché son nom au perfectionnement de la lithotritie.

MARGUERON

Margueron (Jean-Anthyme) (1771-1858) est né à Tours. Élève du Val-de-Grâce, il fit en qualité de pharmacien-major, les campagnes de la République et de l'Empire, et reçut la croix d'honneur. Malade après Wagram, il quitta l'armée et fonda une pharmacie dans sa ville natale où il se fit aimer par sa charité et sa générosité.

Tours lui doit la création de son jardin botanique établi sur l'emplacement du ruau Saint-Anne qu'il fit dessécher à ses frais.

BRETONNEAU

Bretonneau (Pierre-Fidèle) (1771-1882) naquit à Saint-Georges-sur-Cher. Son père était médecin. Son oncle maternel, qui s'occupait de son éducation, lui fit faire de bonnes études littéraires, et il eut le bonheur de trouver, à son entrée dans la vie, une famille généreuse, Madame Dupin et M. de Villeneuve, du château de Chenonceaux, qui l'aida de ses conseils et de son influence. Grâce à cette famille, il put aller étudier la médecine à Paris. La mort de Madame Dupin, sa bienfaitrice, le laissant sans ressources, il fut forcé de revenir à Chenonceaux, avec le modeste titre d'officier de santé. Là, il se donna tout entier à ses chers malades, qu'il traitait comme des membres de sa famille, et aussi à l'étude des sciences physiques et naturelles. Cependant, sur les instances de M. de Villeneuve, il retourna à Paris terminer ses études médicales. Il y conquit sans peine le titre de docteur (1815). Au lieu de rester dans la capitale, où on lui offrait une position brillante, il préféra revenir à Chenonceaux.

Mais son savoir et son habileté professionnelle le signalèrent bientôt à l'attention publique et il fut désigné pour les fonctions de médecin en chef de l'hospice de Tours.

Sur ce nouveau théâtre, Bretonneau acquit bientôt une grande réputation ; il était aimé et vénéré de ses élèves parmi lesquels il compta Trousseau et Velpeau. Il eut la gloire de donner l'éveil à leur génie ; aussi l'a-t-on appelé le maître des maîtres. « On quittait ses le-
» çons plus instruit, plus avide de s'instruire ; on sortait
» pénétré de l'esprit du maître et on lui rendait hom-

» mage de tout ce qu'on sentait en soi d'activité intel-
» lectuelle et d'amour de l'art. »

Bretonneau a peu écrit, à peine un petit traité sur une épidémie de diphtérie en Touraine; mais ses observations ont été le point de départ d'une révolution en médecine; l'un des premiers, il avait observé que certaines maladies se développent, par contagion, d'un homme malade à un homme sain; de la contagion de la maladie il concluait à sa spécificité. Ces idées ont triomphé depuis, grâce aux admirables découvertes de Pasteur.

GEORGET

Georget (Etienne-Jean) (1795-1828) est né à Vernou-sur-Brenne. Très laborieux, il acquit presque seul les premières connaissances. A l'âge de dix-sept ans, il partit pour Paris où il étudia la médecine sous Pinel et Esquirol, alors très célèbres. Reçu docteur à vingt-quatre ans, il se livra à l'étude des maladies mentales, et fit paraître un traité remarquable sur la folie. Plus tard parut son œuvre la plus importante : *Physiologie du système nerveux et en particulier du cerveau*. Il fait preuve, dans cet ouvrage, d'un talent hors ligne et d'une grande puissance d'observation. Ses conclusions soulevèrent de vives critiques, à cause de leurs tendances matérialistes, qu'il rétracta d'ailleurs en partie, plus tard, dans plusieurs articles de revue. Georget soutint avec une grande énergie l'irresponsabilité des malheureux que la folie pousse au crime et rendit ainsi un réel service à l'humanité. Il a créé et dirigé le *Journal des Archives de la médecine*, dans lequel il mit une grande vigueur de style au service de ses opinions médicales.

VELPEAU

Velpeau (Alfred-Armand-Louis-Marie) est né à Bresches, en 1795, d'une honnête famille d'artisans : son père était maréchal-ferrant. Lui-même, jusqu'à dix-sept ans, prit part aux occupations paternelles. A cet âge il n'avait encore étudié que le *Parfait maréchal* et le *traité des maladies des artisans*.

---

(1) Velpeau.

Ses premiers essais dans l'art de guérir méritent d'être rappelés; il souffrait de plaies aux jambes causées par les piqûres de sangsues quand il conduisait des chevaux à l'abreuvoir; malgré ses soins, ces plaies mirent deux ans à guérir. Il apprit un jour qu'une jeune mère de son village venait d'être atteinte de folie. Velpeau, qui a vu dans ses livres que l'hellébore pouvait guérir cette maladie, administra ce remède à la jeune malade et faillit l'empoisonner. Le docteur Bodin se trouva là heureusement pour conjurer tout accident grave.

Il admonesta vivement le médecin improvisé qui se promit bien de ne pas recommencer; mais, en même temps, il fut charmé de ses heureuses dispositions et le recommanda à M. Ducam, un riche propriétaire du voisinage. M. Ducam admit le jeune villageois à partager les leçons de ses enfants. C'est alors que Velpeau qui, jusque-là, s'était formé tout seul, sentit les nombreuses lacunes de son éducation. Sur les conseils de ses protecteurs, il alla étudier la médecine à Tours. Mais, avec ses premières études médicales sérieuses commence pour lui une vie de labeur opiniâtre et de privations. Logé dans une mansarde, il vécut du pain et du fromage que lui apportait tous les huit jours le messager de son village. Admis dans le service de M. Guiraud, il reçut les leçons de Bretonneau et, sous ces maîtres distingués, il obtint sans peine le titre d'officier de santé. Mais il pouvait aspirer à mieux; suivant les conseils de ses professeurs et amis, il résolut de continuer ses études à Paris. Le problème difficile de vivre en ne dépensant que peu de chose se posa de nouveau. Il logeait sous les combles, à 7 francs par mois, et se nourrissait du pain de munition qu'il achetait aux soldats à la porte des casernes (1820). Cet état de gêne disparut heureusement quand un de ses professeurs, Jean Chiquet, lui eut confié, moyennant rétribution, huit élèves à préparer pour son cours d'anatomie. Velpeau réussit au-delà de toute espérance.

A partir de ce moment, il marcha rapidement à la fortune et à la célébrité; moins de cinq ans après avoir quitté l'atelier il était reçu docteur et il professait, avec un succès croissant, l'anatomie, l'embriogénie, la pathologie, etc., etc. Dix ans après son arrivée dans la capitale, il publiait un *Traité d'Anatomie chirurgicale*: il a fait paraître depuis beaucoup d'autres ouvrages remarquables ; une de ses dernières œuvres fut un *Traité des maladies du sein* (1854). En 1843, l'Académie de médecine lui ouvrait ses portes. Assidu aux réunions de cette assemblée, sa parole lente et grave y faisait autorité et la cause qui l'avait pour adversaire était bien compromise. Doué d'une excellente mémoire, il savait mettre un bon sens exquis au service des arguments que lui fournissaient son travail et ses observations médicales.

La mort frappa debout ce rude travailleur. Il souffrait depuis quelques années de la maladie qui devait l'emporter. Ses collègues lui conseillaient le repos ; il ne voulut abandonner aucune de ses occupations et l'on peut dire qu'il est mort sur la brèche, au retour d'une leçon et d'une visite d'hôpital (1867).

TROUSSEAU

Trousseau (Armand) (1801-1867) naquit à Tours. Son père était chef d'institution ; lui-même a été maître d'études à 100 francs par mois, puis professeur de rhétorique au lycée de Châteauroux. Vers 1820, sur les conseils de Bretonneau qui l'avait pris en affection, il quitta le professorat pour la médecine. Ses progrès furent rapides : reçu docteur à vingt-cinq ans, il fut agrégé à vingt-sept. Le gouvernement le chargea alors d'une mission à Gibraltar, désolé par une épidémie de fièvre jaune. Trousseau faillit y mourir ; à son retour, il reçut la croix d'honneur.

En 1856, l'Académie de médecine l'admit dans son sein ; il aimait à suivre les travaux de cette assemblée où tous ses discours étaient pour lui des occasions de triomphe. Trousseau était un orateur ; sa parole chaude et vibrante, mise au service d'une longue expérience et d'une raison élevée, savait émouvoir et persuader. Il était très aimé de ses élèves avec lesquels il causait volontiers de ses travaux et de ses découvertes. Ses leçons étaient pieusement recueillies par eux ; aussi, quand il annonça son intention de publier ses cliniques, l'un d'eux les lui apporta-t-il sténographiées et telles qu'il les avait prononcées.

Trousseau fut élu membre de l'Assemblée nationale en 1848.

En médecine, il a régénéré la thérapeutique ; de son temps on en était toujours à l'école de Broussais, qui n'enseignait qu'une chose : le danger d'irriter les organes, et qu'un remède, la saignée aidée de la diète. Trousseau ramena la médecine dans la voie des observations scientifiques et des remèdes toniques et fortifiants. Son *Traité de thérapeutique* est le véritable bréviaire du médecin. Le matin, il observait les malades à l'hôpital Sainte-Marguerite, appelé depuis hôpital Trousseau, et, le soir, il professait un cours de matières médicales, consacrant ainsi le matin à l'analyse et le soir à la synthèse.

Il fut l'un des précurseurs de Pasteur ; pour lui, comme pour son ancien maître et ami Bretonneau, les maladies spécifiques se sèment de graines ou de germes qui se multiplient, à la différence des poisons qui ne se multiplient pas dans l'organisme.

Il a étudié d'une façon toute spéciale la diphtérie ; c'est à lui que l'on doit la propagation de la pratique de la trachéotomie, dans la dernière période du croup, et de la thoracentèse, dans les épanchements pleurétiques (1).

---

(1) Ouvrages à consulter : *Histoire de la Touraine*, de Chalmel ; *les Artistes tourangeaux*, par le Dʳ Giraudet ; *Histoire de la Touraine*, par Carré de Busserolles ; *Biographies*, de Firmin Didot ; *Biographies*, de Michau ; *Biographies des Contemporains*, par un homme de rien (de Loménie) ; *Dictionnaire des Contemporains*, de Vapereau ; *Dictionnaire de Bouillet*.

TABLE ALPHABÉTIQUE

DES PERSONNAGES REMARQUABLES DE LA TOURAINE

Adam Fumée	65	Chalmel	33
Amboise (Georges d')	45	Chappuis	29
Amyrault	16	Clouet	37
Augeard	13	Coiffier	47
Avisseau	11	Colombe (Michel)	34
Balzac	20	Commire	32
Barillet	64	Denis	62
Bastarnay (de)	47	Descartes	12
Beaumont (de)	55	Destouches	24
Beaune (de)	46	Diard	63
Béranger	15	Duchesne (André)	32
Béroalde de Verville	23	Duchesne (Georges)	23
Bobrun	37	Dujardin	63
Bonnechose	36	Dutens	30
Bosse	39	Forget	30
Boucicaut	50	Fortin	62
Bougrier de la Bergerie	64	Foucher	33
Bouilly	26	Fouquet	36
Breteuil (de)	48	François	38
Bretonneau (le père)	17	Fromont	43
Bretonneau (Pierre)	66	Gaberot	28
Briçonnet	44	Galland	33
Brodeau	29	Geoffroy II	42
Brosse (de la)	43	Georget	67
Bunel	37	Giraudeau	49
Castelnau	47	Gohier	48

Gouin	49	Papillon	29
Graslin	61	Papion	60
Grécourt (de)	25	Picou	39
Hardion	32	Pidou	62
Haremburg (d')	52	Piellé	31
Heurteloup	65	Pillet	56
Houdan des Landes	31	Pinaigrier	40
Jeanson	58	Plantin	53
Lamblardie	60	Pointis (de)	56
Lamé	57	Poncher	41
Lejuste	35	Prousteau	42
Leroy	59	Rabelais	17
Lobin	41	Racan	21
Mame	59	Rapin	31
Manceau	61	Razilly (de)	56
Marescot	55	Renaud de Pressigny	50
Marolles (de)	55	Saint-Martin (de)	14
Margueron	65	Saintré (de)	51
Menou	53	Sarrazin	40
Meusnier de la Place	53	Simon de Brion	16
Moget	23	Souchu de Rainefort	62
Mondoux	57	Taschereau	34
Moreau	43	Thaix (de)	52
Moteron	40	Thomas de Loches	32
Nepveu	36	Tissard	28
Nioche	49	Tonnellé	31
Odart	64	Trousseau	69
Odon (St)	15	Velpeau	67
Ouvrard	42	Vignon	38
Pallu	42	Vigny (de)	26

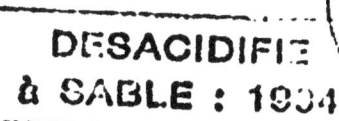

ÉMILE COLIN. — IMPRIMERIE DE LAGNY